大学思政研究丛书

融媒体视阈下
高校思想政治教育研究

郑益　田丽苗　陈涵均●著

RONGMEITI SHIYU XIA
GAOXIAO SIXIANG ZHENGZHI
JIAOYU YANJIU

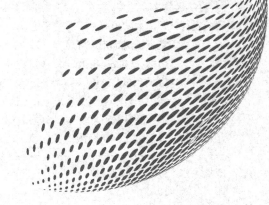

四川大学出版社
SICHUAN UNIVERSITY PRESS

图书在版编目（CIP）数据

融媒体视阈下高校思想政治教育研究 / 郑益，田丽苗，陈涵均著. -- 成都：四川大学出版社，2025. 3.（大学思政研究丛书）. -- ISBN 978-7-5690-7098-9

Ⅰ. G641

中国国家版本馆 CIP 数据核字第 20247LU047 号

书　　名：融媒体视阈下高校思想政治教育研究
　　　　　Rongmeiti Shiyu xia Gaoxiao Sixiang Zhengzhi Jiaoyu Yanjiu
著　　者：郑　益　田丽苗　陈涵均
丛 书 名：大学思政研究丛书

丛书策划：庞国伟　梁　平
选题策划：梁　平　李　梅
责任编辑：梁　平
责任校对：李　梅
装帧设计：裴菊红
责任印制：李金兰

出版发行：四川大学出版社有限责任公司
　　　　　地址：成都市一环路南一段 24 号（610065）
　　　　　电话：（028）85408311（发行部）、85400276（总编室）
　　　　　电子邮箱：scupress@vip.163.com
　　　　　网址：https://press.scu.edu.cn
印前制作：四川胜翔数码印务设计有限公司
印刷装订：成都金龙印务有限责任公司

成品尺寸：170 mm×240 mm
印　　张：10.5
字　　数：201 千字

版　　次：2025 年 4 月 第 1 版
印　　次：2025 年 4 月 第 1 次印刷
定　　价：58.00 元

扫码获取数字资源

四川大学出版社
微信公众号

前　言

随着电子信息技术的发展，移动互联网的逐渐普及，我国的大众传播日益呈现出跨媒介融合的大趋势，现在已经迎来了融媒体的新时代。"融媒体时代"的到来，让我们生活的方方面面都发生了翻天覆地的变化，同时也对高校思想政治教育实效性产生了巨大影响。传统媒体与新兴媒体的融合发展已成为一种新趋势，这使得作为高校思想政治教育的重要载体和工具的媒体，正经历着巨大的变革。在这一背景下，高校思想政治教育者应抓住机遇，迎接挑战，充分发挥融媒体的优势，助推高校思想政治教育实现可持续发展。

大学生是社会主义现代化强国建设的生力军，必须筑牢高校思想政治教育创新阵地，充分利用融媒体推进高校思想政治教育创新。这对提升高校思想政治教育的实效性，坚定大学生跟党走中国特色社会主义道路的人生信念，培养担当民族复兴大任的时代新人具有重要的理论和现实意义。

本书共分为五章。第一章为"融媒体与高校思想政治教育"，包括概念界定、理论分析、高校思想政治教育的实效性及高校思想政治教育的成效与挑战等内容；第二章为"融媒体视阈下高校思想政治教育的传播"，分别介绍了思想政治教育传播的融媒体机制、信息多级传播、传播的对策等内容；第三章为"融媒体视阈下的高校思想政治教育载体"，分别对高校思想政治教育载体创新的机遇和创新的路径进行分析；第四章为"融媒体视阈下的高校思想政治工作及优化"，分析高校思想政治工作的原则与理念，并提出高校思想政治工作的优化路径；第五章为"融媒体视阈下高校思想政治教育的改革创新"，从传播技术、内容结构和舆论引导力等方面进行介绍。

著　者

目　　录

第一章　融媒体与高校思想政治教育 ……………………………（ 1 ）

第一节　概念界定与理论分析 ……………………………（ 1 ）

第二节　高校思想政治教育的实效性 ……………………（ 14 ）

第三节　高校思想政治教育的成效与挑战 ………………（ 27 ）

第二章　融媒体视阈下高校思想政治教育的传播 …………（ 32 ）

第一节　高校思想政治教育传播的融媒体机制 …………（ 32 ）

第二节　高校思想政治教育信息多级传播 ………………（ 55 ）

第三节　高校思想政治教育传播的对策 …………………（ 63 ）

第三章　融媒体视阈下的高校思想政治教育载体 …………（ 69 ）

第一节　高校思想政治教育载体概述 ……………………（ 69 ）

第二节　高校思想政治教育载体创新的机遇 ……………（ 72 ）

第三节　高校思想政治教育载体创新的路径 ……………（ 84 ）

第四章　融媒体视阈下的高校思想政治工作及优化 ………（109）

第一节　高校思想政治工作概述 …………………………（109）

第二节　高校思想政治工作的原则与理念 ………………（112）

第三节　高校思想政治工作的优化路径 …………………（117）

第五章　融媒体视阈下高校思想政治教育的改革创新 ·················（138）

　第一节　高校思想政治教育传播技术的突破与改革 ·················（138）

　第二节　高校思想政治教育内容结构的优化与创新 ·················（141）

　第三节　高校思想政治教育舆论引导力的范式创新 ·················（155）

参考文献 ··（158）

第一章　融媒体与高校思想政治教育

第一节　概念界定与理论分析

我们生活在一个互联网信息爆炸的时代，享受着高科技所带来的红利，与此同时也受到了高科技所带来的各种影响。随着互联网传播技术的不断发展，传播媒介形态领域也推陈出新。社会在不断发展，媒介形态的演进迭代也顺理成章。传统媒体与新兴媒体的深度融合发展，推动信息传播发生了深层次的变革。"融媒体"应运而生，成为当下的热门话题。随着传统媒体与新兴媒体之间的深度融合发展，融媒体的到来正深刻地影响着我们生活的方方面面，同时也推动了高校思想政治教育与融媒体的和合共生①。

一、融媒体的产生与发展

融媒体的产生与发展是一个漫长的历史性的演进过程，从国外"媒介融合"理念的提出，再到国内"全媒体"等相关概念的出现，最后才衍生出"融媒体"这一概念。

（一）"媒介融合"的兴起

通过文献研究发现，在国外更多的是关于"媒介融合"或是"融媒体"的研究。1978年，美国学者尼古拉斯·尼葛洛庞帝通过"媒介重叠"实验，暗示出"媒介融合"概念。实验指向显示媒介之间可以成功重叠并形成一个新领域，他认为"融合"就是"所有的传播技术正在遭受联合变形之苦，只

---

① 乔雨. 融媒体发展背景下高校思想政治教育实效性研究［D］. 天津：天津商业大学，2016：5.

有把它们作为单个事物对待时，它们才能得到适当的理解"①。

1983 年，麻省理工学院的依梯尔·德·索勒·普尔首次提出"融合"概念，即各种媒介呈现出的一种多功能一体化的趋势②。此后，马萨诸塞州理工大学的浦尔也提出"融媒体"概念，他重点关注的是融合模式，即媒介传播技术上的融合③。澳大利亚政府信息办公室发布的《融合报告》将"融合"定义为一种数字化的重构服务部门④。2003 年，美国西北大学教授戈登又将"融媒体"分为五种类型⑤。

在国内，中国人民大学蔡雯教授较早对"媒介融合"进行了系统性的研究，并有了一定的研究成果。蔡雯在美国进行福特莱布项目研究时，就将国外关于"媒介融合"的观点引入国内，并从中总结出自己对"媒介融合"的深层理解。她认为媒介形态之所以出现融合发展的趋势，是因为科学技术的进步推动了媒介的发展，再加之在各种经济利益和社会需求的驱动下，媒介融合的态势也就越演越烈⑥。蔡雯教授将这一发展规律在新闻界加以运用，从而进一步提出了"融合新闻"这一新概念。较早对"融媒体"一词进行了概念界定的是庄勇，他指出，"融媒体"是在互联网快速发展的同时发展起来的，将互联网作为载体并充分利用其特点，把传统媒体的纸质媒介、收音机等不同媒体整合起来。这些传统媒体既有共同点，又存在互补性，它们对人力、物力等方面的需求存在异同，将其整合发挥优势。综合来说，"融媒体"是实现"资源融通、内容融合、宣传融合和利益融合"的新型媒体⑦。

(二)"全媒体"的出现

"媒介融合"引入中国之后，就掀起了传媒界关于信息传播的改革。在这一场正在进行的变革中，产生了"全媒体""多媒体"等相关概念。国家还出台了相关政策支持"全媒体"的发展。2008 年，中华人民共和国新闻出版总署启动了传统报业数字全媒体经营项目，确定了一系列的研究和试点。但是，

---

① 转引自：侯伶俐. 融媒体环境下主题报道的创新 [J]. 传播力研究，2019 (5)：78.

② 转引自：蒋茜. 媒介融合环境下新闻传播方式的变化及其应对 [D]. 重庆：重庆大学，2011：8.

③ 转引自：王漱蔚. 媒介融合：传媒业发展的必然趋势 [J]. 当代传播，2009 (2)：55.

④ 转引自：李文芳. 技术因素对饭店发展路径的影响研究 [D]. 厦门：厦门大学，2008：7.

⑤ 转引自：邢仔芹. 媒介融合的现状及对传媒业的影响 [D]. 济南：山东大学，2009：5.

⑥ 蔡雯，王文学. 角度·视野·轨迹——试析有关"媒介融合"的研究 [J]. 国际新闻界，2009 (11)：88.

⑦ 庄勇. 从"融媒体"中寻求生机的思考与探索 [J]. 当代电视，2009 (4)：18.

学术界并没有正式提出"全媒体"的概念，它只是在传媒界的应用层面上被定义了。

2009年，彭兰教授在她所写的文章《媒介融合方向下的四个关键变革》中，首次提出了关于全媒体的相关概念。她认为全媒体化既是一种模式和策略，也是一个通过运用媒介手段和平台构建起来的报道体系。在关于"全媒体"的深入研究中，她认为全媒体化是为了达到媒介融合这一目的的一种手段，是一种阶段性的战略①。有学者认为，"全媒体"是指采用多种媒体来表现媒介信息的传播，并利用不同的媒介形态通过网络融合进行信息传播，打破时间、地点的局限性，最终在各种终端上完成信息接收。"全媒体"是传统媒体和新兴媒体的总和，它可以根据受众的具体需求，有针对性地提供细致周到的服务，从而实现对受众群体需求的全覆盖，做到传播效果最大化。

（三）"融媒体"的演进

"融媒体"概念是在"全媒体"的基础上进一步发展而来的，同样在学术界没有明确的、科学的概念界定。从媒介融合视角来看，"融媒体"其实是传媒界对"媒介融合"有了更深入、更充分认知之后所提出的一个全新概念。有部分学者认为"融媒体"除涵盖了"全媒体"的所有内涵以外，还延伸出了新的含义。所以，他们建议用"融媒体"替换"全媒体"。

从"全媒体"发展到"融媒体"，这就是媒介形态演进的历史过程。推动媒介走向融合的动力支撑包含很多因素，主要体现在以下几个方面：

第一，科技创新。数字技术的发展为媒介融合的实现提供了技术平台，技术创新对媒介形态的演进起着决定性的影响。报纸、广播等媒体都建立在数字技术的基础之上才能完成信息的传播、接收，数字技术改变了媒体传播的单一形式，为多媒体传播提供了技术支持。可以说，没有科技的发展，就不会产生新兴媒介，更不会出现传统媒体与新兴媒体之间的融合发展。

第二，社会因素。例如，市场因素和受众需求。媒体本身就具有双重属性，即媒体本身的公共事业属性和外在的商业属性。媒体的商业利益来自它的影响力，而强大的影响力必然会引起媒介生态位的激烈竞争，由于新兴媒体的影响力变强和抢占市场，挤占了传统媒体的生存空间，因而在外部形成一种推力，迫使传统媒体不得不向融合方向发展。如此，也就形成了传统媒体与新兴媒体在竞争中谋合作，以进行优势互补、战略重组的新局面。

---

① 彭兰. 媒介融合方向下的四个关键变革［J］. 青年记者，2009（6）：14.

第三，政治因素。近几年国家在政策和法律上为推动融媒体发展提供了宽松和谐的发展环境。就政策方面而言，国家为推动媒介产业的发展而制定了特定的政策制度，发布了关于推动媒介产业发展的指导性文件，也逐渐推进了关于县级融媒体中心建设的相关工作。就法律方面而言，国家还对媒介产业进行立法和法律修订，以此来保障媒介融合的顺利发展。

融媒体发展是大势所趋，是传统媒体和新媒体的创新发展道路。当下，我国融媒体快速推进并且向纵深发展，已经步入"深度融合、多元融合、融合升级"新阶段。探索融媒体发展的规律，才能更好地运用融媒体。

第一，融媒体行业体系不断完善。首先，党和政府高度重视融媒体在新时代的重要作用，从资金到技术，各级政府都加大了对融媒体技术和相关基础设施的支持力度，并做了长期和短期规划；其次，融媒体技术日益成熟，互联网技术成为支撑融媒体发展的基础载体，融媒体发展过程中所依托的各种硬件和软件也不断优化，各种终端产品不断地革故鼎新；最后，近年来，为优化信息传播格局，政府将融媒体中心的新型基础建设摆在突出位置，政策推动电视、互联网、云计算、大数据等媒体平台快步发展。

第二，传统媒体和新媒体之间继续深入融合、交互发展。在我国，县级融媒体中心建设正在试点，已取得丰硕成果，后续的融媒体必将全面铺开，朝着智慧化、快速化和精细化的方向发展。同时电子杂志、数字电视、虚拟现实等各种形式的媒体发展迅速，呈现出高质量发展的态势。融媒体的发展过程是对传统媒体和新媒体的辩证否定，从而实现媒体的自我完善和自我发展，力求实现联合联动。新媒体可以借鉴传统媒体提取信息的准确性，传统媒体可以学习新媒体畅通的交流渠道，两者的深入融合能够满足受众对于价值相关性及交流便捷性的基本诉求，交流互动与严细慎实并不相悖。比如，电视可以K歌、手机可以读报等，加强了媒体的传播力和核心竞争力，形成全方位的信息传播格局。

二、融媒体相关内涵和特征

当前，多种媒体的深度融合推动信息传播形成了深层次的变革，"媒体互融"的融媒体时代已经到来。对融媒体的内涵和特征加以界定，有助于形成关于融媒体的科学认识，把握融媒体传播优势。

（一）融媒体的内涵

随着互联网技术的迅速发展，各媒体逐渐相互交融，呈现出全新媒介形态，即融媒体。融媒体经过演化，被赋予中国传播学中的本土化意蕴。在这种全新媒介形态下，传统媒体和新媒体、各传播介质之间表现出"相互渗透、相互包含"的现状。融媒体既不是传统的以报纸、广播为载体传播信息的媒体，也不是孤立的新媒体，融媒体的重点在于"融"，"融"即"融合"，其"融合"的涵义并不只是简单地多个叠加和单纯的全面覆盖，而是将以前散布在传统媒体和新媒体领域的信息资源、信息采集和编辑队伍、信息发布流程、产品形态、传播途径、技术手段、市场运营等进行整合，加以利用，实现信息全方位、立体化的产生和传播。因此，融媒体并不是一个单纯独立的实体媒介，而是一种高度集约化的概念，主要表现在它充分集合了传统媒体与新兴媒介优势资源，使二者的多种要素集中统一、交叉融合，达到内容资源的融合、传播效益的融合与效益传播共享，使原来单纯的媒介资源竞争力变为多种新媒介资料传播的共同竞争力，并形成规模效应。

目前，融媒体在学术界还没有形成明确统一的定义，大家使用最多的定义来源于学者庄勇发表的一篇关于探索融媒体发展的文章，该文章从"新型媒体"的视角来解释何为融媒体。文章指出，融媒体是指为了实现信息共享而充分利用媒介载体，把既存在共同点又存在互补性的各类媒体进行全面整合，从而在信息传播过程中出现交融性传播效果的一种新型媒体宣传理念[①]。简而言之，所谓"融媒体"，就是要通过资源整合达到优势互补的效果，把传统媒体与新媒体的优势发挥到极致，实现资源通融、内容兼融、宣传互融、利益共融。由此可见，融媒体不仅仅是不同媒介间相互激发而产生化学反应的新型媒介，还是一个渗透力强、竞争力强的新型媒介。换言之，融媒体不是个体概念，而是集合概念，不是某个具体的媒介，而是一个综合性的媒介平台。

综上所述，学术界在深入探讨融媒体的内涵时，我们可以看出关于融媒体的所有定义基本上遵循这样一种思路，即融媒体是以互联网技术为支撑，通过融合不同的媒介形态，构建出一个具有高度融合性的新型媒介，从而大幅度地提高信息传播的有效性。

---

① 庄勇. 从"融媒体"中寻求生机的思考与探索［J］. 当代电视，2009（4）：18.

（二）融媒体的特征

融媒体作为一种新生事物，将新旧媒体相互融合渗透，把多种媒介形态优势发挥到极致，以其特有的优势吸引更多的受众。在融媒体深入发展的前景下，整个社会媒介生态呈现出与以往不同的鲜明特征。

1. 科技先导性

融媒体的融合发展离不开技术力量的支撑作用，技术的快速更新打开了媒体领域革新大门，媒体紧跟互联网的发展趋向，以包容、开放的姿态融合各种时代化的信息传播技术，依托数字技术、云计算、大数据技术、人工智能技术、区块链技术等实现信息的融合存储、处理、传输。首先，在新兴网络通信技术发展的强大支撑下，媒体之间有效打破了媒介之间的壁垒，模糊边界，改变了以往垂直的表现形式及传播平台，实现了多元的选择平台和共频共振的传播渠道，受众之间进行互动，任何用户都是独立个体。其次，在数字技术的广泛应用下，所有信息都以数字形式进行存储，最终形成了媒介各平台之间互联互通、终端内容兼容共享的"万物皆媒"的新模式。大数据技术可以提供数量巨大、多种维度且具有即时性的数据信息，这是与受众建立关系、维系关系的重要基础。云计算可以将大量的数据进行阐释、研判与挖掘，通过平台运营数据分析和观测用户的实时动态获得及时反馈，进行个性化的分类，给受众传输最契合其需要的信息内容。智能芯片、人工智能的发展，5G 时代的到来，以及 AR、VR 虚拟现实技术的应用，融媒体的表现内容及形式更加丰富，这些无不彰显出科技的发展对于融媒体的重要性。

2. 资源整合与信息整合性

传统媒体和新兴媒体的融合发展是一项重大改革，是一场全方位的更新和升级。不同于以往的简单改版、扩版和栏目调整，也不是在传统媒体和新媒体各自的框架内修修补补，融媒体的出现是时代的产物，聚集了众多的优势特点，其本质就在于整合了不同媒介的采集、编辑信息资源的工作，将传统媒体的权威性、专业性的优势与新型媒体便捷性、实时性的优势进行整合，将媒体的内容、形式、组织结构等各个要素，各个信息生产、编辑、传输、反馈环节都进行改变，表现为整合文字、音频、视频等多元媒介形式。这种资源整合平衡了传统媒体与新兴媒体的关系，在内容、技术、人才、平台等多方面实现互融共享，大幅度降低了信息的采编成本，还可以使各媒介渠道之间的反应速度进一步增强，信息得到多途径、多维度、多平台的立体传播，多种传播媒介形式形成协力，节约信息采集、编辑、传播的时间、人力资源、资金投入，扩大内容量，提高信息资源的利用率，提高信息传播的效能，将占据优势地位的媒介形式运用到信息生产和流通中，突破了以往传递的诸多阻碍，避免信息的同质泛滥、媒介的重复建设，兼具权威性与灵活性、可信度与有效度，从而增进传播的效果。

3. 多元交互与双向互动性

传统媒体采用由上往下的单一信息传播的形式，只有信息提供者给受众传输信息时，受众才能获取信息，受众对于信息的获取缺乏自主性。随着新媒体的出现，特别是自媒体的广泛应用，传播者与受众之间的互动性明显增强，高速的信息传输和微博、微信等终端软件有效协作，拉近了受众和信息提供者之间的距离，信息提供者在尽可能短的时间内向受众传输信息内容，并由受众接收。在融媒体视阈下每个人既可以是信息的接收者也可以是信息的提供者。每个人都可以在网络平台上进行信息传播，人人都是媒体人。融媒体环境下，只有多元的媒体形式才能满足以互动分享为主要特征的分众传播格局，实现与受众的互动交流，形成集文字、图片、视频、音频等于一体的多元传播形式。融媒体遵循以用户为本、开放互动、共融互通、一体化的发展理念。一方面，传播内容以多种形式呈现，满足不同媒体传播需求和受众个性化需要；另一方面，还可以利用大数据、人工智能等前沿技术，在整合各方媒体平台资源的基础上，利用大数据算法分析研究用户的喜好，经过信息筛选向用户精确推送个性化的内容，并实现多方互动、分享，为受众主动选择和接收信息提供良好条件。

双向互动性是融媒体与传统媒体区别最大的一个重要特征，具体体现为在信息传播过程中信息输出方和接收方的共同参与、相互沟通和相互交流。在大数据、人工智能、云计算等现代信息工具飞速发展的背景下，传统媒体自上而下的传播方式缺乏双向互动性，难以提高用户黏性，新媒体的到来促进了信息传播双方的交流，而媒体的融合发展更是加深了信息传播主体和受众之间的互动性、双向性，构成一个由媒体上的每一个主体共同进行信息生产、编辑、传播、交流的多元交互传播格局。传统媒体主要是单向向受众提供信息，而融媒体的双向互动性强调信息传播存在反馈或互动机制，信息的传播受众能够根据自己的意愿获取信息，相对自由地相互交流和共享，保持相互影响的联系。一方面使媒体主体、客体等多个要素得以完善，另一方面使信息更好地满足他们的需要。传统媒体传播主体和传播客体的定位十分明确，传播主体和传播客体的角色相对固定。但是，融媒体在其发展过程中，整合传统媒体和新媒体的优势，建立了"反馈机制"，打破了关于传播主客体的严格分野，信息传播主客体保持着相互作用的关系，两者的交流是双向的。

融媒体的多样性也可成为融媒体的复杂性。融媒体不是单一性的信息传播媒介，也不仅仅是一种新闻媒体，而是一种多功能性的媒体传播模式。融媒体可实现多种媒体的有机融合，但并不意味着是不同媒介形态之间简单的物理性叠加，而是不同媒介形态之间全方位的融合所产生的一种化学反应。融媒体可以汇总当地的各种新闻信息，在提供政务服务的同时，还能为百姓的生活提供综合信息服务，满足人们日常生活中的各种信息咨询。融媒体既需要做内容产品、服务产品和关系产品，还需要与用户之间建立密切联系。只有连接好用户，才能进行有效传播，才能更好地发挥好融媒体的服务功能。

4. 技术性与创新性

融媒体是互联网信息时代技术革新的产物，而技术是促进媒介融合发展的原动力。因此，技术性是融媒体的主要特征，在技术赋能的影响下，延伸出明显的高时效、碎片化、互动性特征。总体而言，这些技术主要包括三个部分：一是支撑融媒体的技术接入，既包括基于大数据、云计算的基础平台接入，还包括提供信息咨询、教育服务、生活资讯等公共服务的各种应用平台之间的连接；二是提供满足个性化需求以及垂直领域的各项服务，如电商、网上支付、跨境支付、网上银行等；三是基于网络用户需求的内容生产和信息分布，如数字技术、推荐算法、智能推介等。若要实现上述这些目标，就必须实现各种不同媒介的协同创新、融合发展，同时还要抓好硬件建设，搞好软件开发。

融媒体的"融"不是简单的媒体联合，也不是单一的技术革新，而是将不同媒介组织和不同社会资源通过整合配置在一起，实现优势互补，使各个要素、各种资源的潜能得到最大限度的发挥。融媒体创新发展是建立在技术性基础之上的，"全觉传授"就是融媒体创新性的凸显。全觉传授是指在特定自然场景内完成的关于人的信息感知过程，也就是融媒体创造出来的一种拟态环境。这就意味着必须通过不断创新才能适应融媒体发展的新要求，而其中的制度创新、机制创新、管理创新至关重要；与此同时，还需要抓好顶层设计和体制改革，统筹协调好政府、市场和公众的各方利益。在促进融媒体发展过程中既需要遵循一般的市场规律，也要处理好竞争与合作的博弈关系，应对好开放与控制的平衡要求；因此，需要对信息传播的载体和媒介进行整合，从而也就赋予了融媒体创新性这一特点。

5. 受众精准性

融媒体在遵从以受众为本、多渠道传播、共建共享等传播理念的基础上，具有极强的针对性、精准性。互联网技术推动下的信息生产、传播变革程度加深，以"灌溉式"为主的信息传播形式已经不适应时代要求，传播核心需要向精准传输深化，提高信息传播的精确性和针对性。随着网络大数据的不断发展，有针对性地选择受众是传播领域的中心点，实现了以大范围、全覆盖、普遍性为重点向以小范围、精准性的为重点的转变。随着互联网的快速发展，特别是大数据的广泛应用，更倾向于以受众为中心，充分考虑受众需求、受众体验、受众互动，在兼顾不同受众利益和需求的基础上实现个性化精准传播，吸引"忠诚"的用户。媒体的不断融合使信息之间呈现出共享性、扩散性，受众群体可以根据自身需要选择获取信息的媒介。这就要求信息传播必须为满足受众的个性化需求进行内容生产和传播。融媒体以整合纷繁众多的信息为基础，利用大数据算法分析受众的性格特征、兴趣爱好、关心所在，经过筛选向用户推送差异化、精准化的内容，并形成多项评论、多项互动、多方分享。目前国内高校开通了官方网站和官方微信公众号等平台向学生发布学校通知、推送思想教育内容，加强了学校与学生的沟通交流，促成资源融通，加快信息传播，搭建了媒体矩阵，融媒体的精准性尽得体现。

6. 发展动态性

融媒体是因互联网技术和信息技术快速发展而呈现出阶段性的新媒介形式。其发展非常迅速，呈现出队伍整合、渠道聚焦、终端融合，以及平台整合的景象。融媒体的发展不是一成不变的，从马克思主义否定之否定规律来看，融媒体发展的过程也是一个动态的、不断向纵深发展的协调过程。一方面，现代信息革命促进了科学技术的发展，为传统媒体和新媒体相互融合、相互借鉴提供技术支撑。融媒体趋势显露之初，媒体业内进行了深入的思考和大量的探索，从起初的粗略加和到相互配合、相互协调，形成互相包含的态势，再发展到各媒体内容优势、传播形式等多方面高度融合。在这一发展过程中，传播内容融合从简单的内容转移，向内容的再次加工转变，传播形式也从受时间空间限制的报纸、电视转变为数字化信息、视频、VR等超时空形式。这一发展过程是前进性、动态性的过程。另一方面，用户更高水平的需求、信息传播途径多样化的需求又推动媒体技术向更高层级的融合方向发展，如此循环往复，经过多阶段、多过程，推动融媒体向多领域、多元化的纵深方向发展，在继承的基础上不断创新，互通有无，发挥融媒体矩阵传播优势，展现融媒体的发展力、生命力。

综上所述，融媒体具有的特征是以互联网技术为基础的信息传播方式多样化的体现。大数据既推动了多元媒体的深度融合，又促进了人工智能技术与高校思想政治教育的有效结合，从而对高校思想政治教育的创新发展产生了深刻影响。诚然，这种影响有利弊之分，只有深入分析高校思想政治教育在融媒体视阈下所呈现的新特点以及新变化，才能更加清楚地知道如何依托融媒体提升高校思想政治教育的实施与发展。

三、融媒体的功能

融媒体开放的信息传播途径为我国大学生的思想政治教育提供了新的路径和平台，高校思想政治教育可利用融媒体优势来拓展思想政治教育的空间，突破传统教育模式，为大学生提供途径多样、内容丰富、交互便利的思想政治教育新方式，从而提高思想政治教育的针对性和有效性，充分发挥融媒体的思想政治教育功能。

(一) 融媒体的雷达功能

融媒体将传统媒体与新兴媒体产品相结合，根据不同媒体具有的不同特点，将信息以不同形态进行传播。通过此有效手段提高信息传播的针对性，在大众传播的过程中，外向功能传播信息，内向功能接受信息，共同实现融媒体在大众传播中的雷达功能。

第一，融媒体信息传播具有"即时性"。融媒体在传播过程中"即时性"最具代表性的体现形式要数"直播"。因为这个特性，直播成为融媒体中最热门的传播方式。例如：在大型体育赛事中可以第一时间呈现比赛结果；在突发事件中，仅仅需要一部可以联网的手机，就可以完成以往传统电视媒体或者广播媒体记者需要完成的画面采集、上传素材、剪辑制作、下载播出等繁杂的流程。即时联网直播，就能把突发事件重灾区的信息和最新进展呈现给大众，第一时间传播，既弥补了传统媒体信息滞后的缺憾，又满足了受众对即时信息的需求，也让受众更能体验身临其境之感。

第二，数字网络技术、移动技术还能实现海量信息传播。特别是手机端的使用，完全解放了过去只能在家中看电视或者用电脑上网的局面，只需要一部手机，在信号所能覆盖的地方联网，随时随地都能够获取信息。5G 技术的普及使我们获取信息更加迅捷。云盘的使用更是让大量的信息可以在全世界各地的终端上无障碍获取。

第三，传播信息的同时接受信息。在融媒体中，传播也不再仅仅是过去单向信息传播，可以双向互动和多向互动。例如，电视媒体开通网络电视或者手机 APP 电视端，观众收看节目时可以转发、评论、分享或者发弹幕与其他受众实时互动，受众从被动的"收看者"变成了主动的"生产者"和"传播者"。在实现外向功能的同时，其内向功能也在不断地影响观众自身接收信息，在思想政治教育中这一点尤为重要，可将思想政治教育影响力最大化。

（二）融媒体的教育功能

首先，融媒体拥有巨大的教育价值，融媒体在某些方面可以等同于学校的部分作用；其次，融媒体在传播过程中可以创造出重视教育的社会环境，使社会大众有强烈教育意识，争相学习科学文化知识；再次，它能通过持续的信息传播过程，逐步积累丰富的知识；最后，就是融媒体直接传播知识。除广播电视台的科教频道、教育频道，以及专门从事教育行业的报纸、杂志和网站之外，还兴起了很多学习的 APP 终端，这些都是融媒体在传播知识的同时履行教育功能。

从教育效果来看，融媒体更像是一个扩大器，它把受教育的群体扩大化。也正是基于融媒体的这种强大的教育功能，高校思想政治教育者重新审视自己以往的教育手段和方式方法，并开始思考如何更科学合理地运用融媒体辅助高校思想政治教育。

（三）融媒体的文化功能

人们常把"传播工具"看作一种"文化工具"，这是因为传播与文化如影随形、相辅相成、缺一不可。没有传播媒介就没有所谓的文化。传播媒介对文化的影响持续而深远，对文化产生影响也对整个社会产生影响。我们现在使用的"语言""文字"，不正是当时文字产生时的一种"传播媒介"吗？语言代代相传最后成为一种语言文化，文字记录历史文化的变迁，最终成为文化本身。

融媒体文化传播功能的主要表现：一是传承和传播文化。利用融媒体可以将传统文化体系中的精华传承并加以传播，使之不断传承而且得以与其他的文化体系相互作用。二是选择和创造文化。面对外来文化或新文化类型，一味地排斥和盲目照搬吸收都是不对的，应该依据一定的标准加以选择，合理吸收和利用，并且结合本土文化进行创造性的发展。三是沉淀和发扬文化。传播使文化在历史中沉淀下来。一种文化自出现开始，传播的时间越发长久，其文化的积累与沉淀就越发深厚；反观文化本身，越是悠久而又深厚的文化，越为文化自身的发展提供了更加丰富的内容。利用融媒体可以把思想政治教育文化中的精华传承下来并加以传播，并在传播过程中丰富思想政治教育本身的文化内容，使其产生更为深远的影响。

（四）融媒体的舆论引导功能

融媒体在思想政治教育中具有导向功能，这种功能集中体现在舆论引导方面。媒体传播重要的思想舆论，通过传播信息、资源共享、交流互动等优势，对社会的重点、热点问题进行广泛的传播和报道。融媒体可充分发挥其特点，构建强大的舆论场。

大学生作为社会特殊的年轻群体，对融媒体这样的新生事物具有很强的接受能力，并且在媒体搭建的舆论平台上具有很强的活动能力，同时不可避免地受到舆论导向的引导和深刻影响。为了避免不利影响，正确发挥融媒体舆论的引导功能，需要社会各界共同努力、共同把关，通过思想政治教育去提高学生的辨别能力，为大学生营造良好的媒体环境，营造良好的舆论氛围，引导大学生树立正确的世界观、人生观和价值观。

四、融媒体视阈下高校思想政治教育的特征

在融媒体飞速发展的环境下，高校思想政治教育受其影响，也呈现出了一些新的特征。

（一）广泛性

其主要表现为教育场域与影响范围更加广泛。以往的高校思想政治教育，受到地点和时间等条件的限制，教育活动局限于一定的环境中，主要以高校课堂为主阵地，教育场域相对单一。融媒体视域下，高校思想政治教育呈现出广泛性的特征，教育场域被拓宽，不再局限于校园。校园以外的社会场域、现实之外的网络场域都可以成为高校思想政治教育的场所。之前家、校、社会等各场域相对独立，没有形成合力。在融媒体视阈下，这些场域被联结在一起，联系更加紧密，形成了一个整体，高校思想政治教育覆盖面也更加广泛。如今高校思想政治教育实现了线上线下联动，从单一向多元的场域转换，高校思想政治教育辐射度和影响力都有所增强。

（二）虚拟性

与融媒体的虚拟环境相适应，虚拟性思想政治教育也由此形成。在网络虚拟的环境中，针对教育对象在网络环境中呈现出的特点，借助网络进行思想政治教育的教育活动被称为虚拟性思想政治教育。一方面，融媒体的出现为高校思想政治教育提供了一个全新的教育场域，即一个虚拟的、无边界的网络教育环境，可以将其视作现实教育环境的延伸。高校教师可以在以网络为代表的虚拟环境中进行思想政治教育，教育内容、教育方式都更加开放和多样化。另一方面，融媒体视阈下高校思想政治教育具有主体虚拟性的特征。在融媒体塑造的虚拟教育环境中，教育者和受教育者都呈现出符号化的特点，即每个人都可以是一个账号、一个"ID"和虚拟的昵称，除了这些虚拟的符号，账号背后的一切信息都可以被抹去和隐藏，受教育者的性别、年龄、受教育程度等因素，不再对思想政治教育起决定性作用。例如，在当下的高校思想政治教育中，各种学习平台与软件得到了广泛的应用，借助平台，学生只要注册账号就可以学习网课，每个账号背后都是不同的身份，这不仅拉近了与学生沟通的距离，而且提高了教育的公平性和效率。

（三）难控性

融媒体环境下高校思想政治教育呈现出来的广泛性和虚拟性的特点，必然导致其也具有难控性的特征。融媒体环境下高校思想政治教育的难控性，主要体现为学生动态难控性。依凭融媒体技术，学生之间、受教育者与教育之间通过各种媒介如微信、QQ等交流越加频繁。以往面对面的交流，能够使教师在课堂或谈话中较为全面地、直接地了解学生最近的动态和情况。如今融媒体的普及使交流呈现出了间接性和隐秘性的特点，学生更倾向于在网络中表达自我，更新生活动态，而不愿意在现实生活中同教育者进行沟通，部分教师也不擅长利用学生常用的软件与学生进行交流，就导致教育者无法及时把握学生的生活和心理动态，因此不能做出有针对性的预防和措施。

（四）高度交互性

传统的思想政治教育中，学生多作为被动的一方，服从或接受教育者的要求与命令，教育者与受教育者之间平等地进行沟通交流的机会较少。融媒体视阈下高校思想政治教育更加注重教育主客体之间的交流与互动。融媒体视阈下学生的主体地位凸显，依托融媒体技术，高校思想政治教育工作者与受教育者交流的渠道增多，教学不再局限于教师听、学生讲的情况，教育主客体的关系变得更加亲近。互动性强已经成为融媒体视域下高校思想政治教育的显著特征。

第二节 高校思想政治教育的实效性

一、高校思想政治教育实效性的内涵、彰显和评价标准

（一）高校思想政治教育实效性的内涵

高校思想政治教育的实效性主要反映在思想政治教育的构成要素、教育过程和教育结果的有效性上。高校思想政治教育的构成要素主要包括教育主体、教育客体、教育内容、教育方法和教育环境，这些构成要素在思想政治教育活动过程中所发挥的有效性，最终表现为高校思想政治教育的实效性。在融媒体视阈下，高校思想政治教育的实效性由教育的构成要素在教育过程中发生融合、综合的有效互动时集中凸显。而这种互动方式主要建立在融媒体本身所具备的技术性这一特征的基础之上，即大数据技术在思想政治教育过程中的综合运用，如此才得以实现有效互动。

综上所述，结合学者们对高校思想政治教育实效性的内涵进行界定的相关表述，高校思想政治教育实效性的内涵可以理解为高校思想政治教育者在进行思想政治教育的过程中，充分运用各种教育手段对大学生的思想和行为所产生的教育效果。

（二）高校思想政治教育实效性的彰显

高校思想政治教育实效性集中体现为思想政治教育活动在大学生的思想和行为上所引起的积极变化，而这些变化又与既定的教育目标和大学生的思想道德素质之间具有一致性和相关性；同时，也表现为高校思想政治教育活动对大学生思想道德素质和全面发展的有效满足。白海洋认为，高校思想政治教育实效性的彰显可从教育对象、社会发展、人的发展三方面进行理解①。

---

① 白海洋. 新时代高校思想政治教育实效性研究 [D]. 长春：长春工业大学，2019：15.

在融媒体视阈下，高校思想政治教育实效性的彰显在表现形式和实际效果方面具有一定特点。高校思想政治教育的实效性需要经过一个相对长的过程才得以凸显，而在这一形成过程中影响思想政治教育实效性的因素多而复杂。高校思想政治教育实效性在表现形式上具有层次性的特点，这一特点的形成与高校思想政治教育目标的确立和教育效果的彰显是有紧密联系的。根据高校思想政治教育目标和教育效果的不同，高校思想政治教育的实效性在不同发展阶段所彰显的实效性也就有所不同。

在融媒体视阈下，高校思想政治教育实效性的效果呈现具有一定的弱相对性和前瞻性。在融媒体视阈下，大数据和互联网的技术与高校思想政治教育相融合，从一定程度上削弱了实效性评价过程中主观因素的影响。大数据技术从横向和纵向上收集大学生的各项详细数据，利用数据反映学生的客观情况，从而在一定程度上弱化了主观因素对高校思想政治教育实效性评价的影响。高校思想政治教育实效性的形成和彰显需要经历漫长的实践过程，且其实效性大多时候只有在发生重大事件时才得以明显彰显。从这一视角而言，高校思想政治教育实效性具有滞后性的特点。但在融媒体视阈下，一切都以数据化、量化的形式被记录，这在很大程度上促使高校思想教育实效性的滞后性向前瞻性转变。可通过储存数据对以往发生的事件进行追溯和预测，去比较分析人们的思想行为在思想政治教育前后是否有所变化，去观察这种变化的持续程度如何。

（三）高校思想政治教育实效性的评价标准

高校思想政治教育除具有活动的一般特性之外，还是一项有预期目的的特殊的社会实践活动。作为社会实践活动而言，需要对活动的质量和效果进行评测。因此，高校思想政治教育也有针对其实效性的评价标准。实效性的评价标准应具有客观性，才能彰显其评价标准的科学性，最终的评测结果才具有说服力。这就要求在评价高校思想政治教育实效性时，要尽量做到客观、全面、系统。主要可以从以下几个方面进行评价：

第一，从理论认知层面进行评价。这一维度体现了评价指标的客观性，也是首要评价标准。其主要包括三方面的评价内容：首先是大学生对思想政治理论知识的学习、掌握；其次是大学生的思想道德修养水平的高度；最后是大学生是否具有思想政治的辨析能力，即对是非、善恶的辨析和评判能力。

第二，从情感态度层面进行评价。这一维度主要体现了评价指标的科学性，是重要的评价标准之一，同时也是大学生思想政治认知发生的内驱力。培养学生正确的情感态度对高校思想政治教育工作的开展具有重要作用，对

"知"与"行"的结合具有至关重要的作用。

第三，从知行合一层面进行评价。这一维度的评价指标是高校思想政治教育中的最高要求，同时也是衡量高校思想政治教育实效性的基本尺度和重要标准。由"知"到"行"的转变，其实质是思想政治理论实现了质的飞跃，因此要促使"知"与"行"的统一。目前，不少大学生出现"知而不行""知而错行"的现象且越来越严重，因此需要加强对学生"知行合一"的教育，从而进一步增强高校思想政治教育实效性。

综上所述，高校思想政治教育实效性的评价标准可以从大学生的认知、情感态度、意志信念、表现行为等方面进行全面、系统、具体的评价。其中最重要的评价标准应是大学生对习得的理想信念的践行，努力做到"知行合一"。

二、融媒体与高校思想政治教育实效性的内在关联

在融媒体视阈下研究如何提升高校思想政治教育的实效性，既要充分了解融媒体与高校思想政治教育实效性的相关理论，还要深入分析融媒体与高校思想政治教育之间的内在逻辑关系，才能在此基础上确保依托融媒体提升高校思想政治教育实效性在逻辑上是可行的。

（一）融媒体的发展趋势与高校思想政治教育原则相契合

高校思想政治教育的原则是根据高校思想政治教育的客观规律，总结教学实践中的经验教训和大学生实际的思想状况的高校思想政治教育活动的基本准则。原则是说话或行事所依据的法则或标准，是说话办事符合规范的重要保障。在融媒体视阈下提升高校思想政治教育实效性具有可行性，原因在于融媒体的发展趋势与高校思想政治教育的方向原则、渗透原则和互动原则相契合。

1. 方向原则

这主要是指，高校思想政治教育要符合社会主义和共产主义的发展方向，要与中国共产党的纲领、宗旨始终保持一致。融媒体发展要始终坚持正确的政治方向，始终坚持以马列主义、毛泽东思想、邓小平理论、"三个代表"重要思想、科学发展观、习近平新时代中国特色社会主义思想为指导，引导大学生为实现中华民族伟大复兴而奋斗。应对多元化的价值观和良莠不齐的信息进行筛选和优化，保障融媒体传播方向的正确性，及时制止有害信息乘虚而入，使主流意识形态得到维护，进而引导大学生树立正确的"三观"，保持正确的政

治方向，保证大学生的思想航向不偏离正轨，进而才能依托融媒体提升高校思想政治教育的实效性。

2. 渗透原则

这主要是指，高校思想政治教育要遵循人的思想形成的发展规律，要将其潜移默化地融入教育过程中，循序渐进地进行思想政治教育。思想政治教育者可利用融媒体的技术优势，将思想政治教育的内容悄然地融入大学生的学习过程和日常生活中，对大学生产生全面、立体化和潜移默化的影响，从而使高校思想政治教育根植于大学生群体。思想政治教育者可利用融媒体引导大学生逐渐接受思想政治教育内容并内化为自我意识和行为习惯，产生"润物细无声"的教育效果。融媒体充分彰显了自身全觉式和沉浸式的叙事特点，赋予思想政治教育内容艺术性和感染力，从而更好地促进高校思想政治教育效果的提高。

3. 互动原则

所谓思想政治教育中的互动是指教育者与受教育者在思想政治教育活动中进行双向、平等的对话交流与沟通。融媒体具有很强的互动性，使高校思想政治教育工作者通过融媒体所搭建的平台，与大学生进行知识传递、思想互动、情感交流等活动，最重要的是将社会主义核心价值观传递给他们。融媒体的互动性能增强高校思想政治教育的针对性，师生之间的互动可让大学生敞开心扉，让教师清楚了解学生的思想状况。这种双向性的互动能让教育对象在人格上感觉到被人尊重，从而克服或是缓解对思想政治教育的抵触情绪，更易于激发他们接受思想政治教育的积极性，最终可以有针对性地制定增强高校思想政治教育实效性的有效措施。

(二) 融媒体是提升高校思想政治教育实效性的重要载体

融媒体是提升高校思想政治教育实效性的重要载体，当我们从不同角度审视融媒体与高校思想政治教育之间的关系时，以上结论都是成立的。融媒体对高校思想政治教育而言，是重要的交流平台、教育资源、传播渠道。

1. 融媒体是高校宣传思想工作的重要手段

在融媒体视阈下，高校思想政治教育不同以往的最大特点是信息化的普及、多元价值观传播的速度和力度达到前所未有的程度，从而对高校宣传思想工作产生了很大影响。其中的积极影响主要体现在以下几个方面：

第一，融媒体的技术性和多样性拓宽了高校宣传思想工作的领域，丰富了高校宣传思想工作的宣传载体和宣传手段。高校是开展思想政治教育的重要阵地，融媒体在占领高校宣传阵地的同时，也为高校思想工作宣传提供新的传播环境和载体，从而更好地巩固高校宣传思想工作的阵地，提升高校思想政治教育的影响力，增强其话语权[①]。

第二，融媒体的强互动性特点为师生进行有效、及时的沟通提供了跨越时空的交流平台。融媒体技术依托于互联网技术，提供了"互联网+"的思维方式，从而为高校宣传思想工作提供了更多的发展模式。同时，融媒体突破了高校思想政治教育的宣传时间、地点、空间和载体的局限性，创造了除课堂之外的虚拟空间，除课本之外的各种媒体社交平台，例如网站、微博、微信等。

第三，融媒体的创新性特点也推动了高校宣传思想工作的发展进程。高校宣传思想工作是一个"内化"与"外化"相统一的工作，融媒体增强了高校宣传思想工作的吸引力和受众的黏性，为高校宣传思想工作注入了新的活力，从而加快高校宣传思想工作由"外化"向"内化"的转变进程，像蝴蝶效应般推动了高校思想政治教育的发展。综上所述，可以看出融媒体为高校宣传思想工作提供载体支撑，可增强高校宣传思想工作的实效性。

2. 融媒体是大学生的重要学习平台

在融媒体视阈下，信息化和数字化已经成为人们基本的生活方式，移动互联网更是成为大家获取日常信息的重要手段。新时代大学生几乎是伴随着融媒体的发展过程成长起来的，他们使用智能手机、电脑等媒介，或是通过 QQ、微信、微博等社交平台进行信息资源共享。在融媒体视阈下，多样化的媒介使大学生的思想和行为发生了变化，同时也促进了大学生的全面发展。

第一，融媒体对大学生的影响是深远持久的。对新时代的大学生而言，他们会根据自身的发展需求对信息进行选择、认同并接受。在这一过程中他们的思想观念会趋于多元化，自主性会明显增强，而融媒体正好契合了大学生新的需求导向和认知心理。融媒体对信息的生产和传播是质的飞跃，为思想政治工作进入高校教育的各个环节、搭建多样化平台提供了机会。

第二，融媒体拥有内容丰富的教育资源，具有及时性和互动性强的特点，可弥补传统高校思想政治教育的不足，满足大学生的实际需求，进而推动高校

---

① 刘近奇. 融媒体对高校宣传思想工作的影响及对策研究 [D]. 天津：天津工业大学，2017：22.

思想政治教育的深入持续发展，在潜移默化中加强对大学生的思想引领。

第三，融媒体视阈下大学生的学习行为发生了新变化。与传统媒体在叙事方式上相比较而言，融媒体的叙事更依赖于场景，叙事符号更倾向于多元化，形成一种全觉式、沉浸式的叙事。传统媒体的叙事造就了大学生碎片化的学习方式，以浏览、检索式为主要学习方式，养成了浅尝辄止的学习习惯。而融媒体传播则提供了全觉式、沉浸式的学习方式，促使大学生在特定的场景中完成对信息的感知。综上所述，融媒体为大学生进行思想政治学习提供了多样化的载体支持和新的学习方式。

3. 融媒体是高校思想政治教育的传播渠道

从教育传播学角度而言，高校思想政治教育就是一个信息传播过程，所涉及的传播因素由传播主体、传播内容、传播媒介、传播对象四个要素构成。在融媒体视阈下，融媒体为高校思想政治教育提供了丰富的教育传播内容、多样化的教育传播载体。由于融媒体技术的发展，改变并优化了高校思想政治教育的教育传播媒介，最终增强了思想政治教育的传播效果[1]。

第一，融媒体的发展为高校思想政治教育提供了多元化的教育渠道和教育方式，同时也提供了丰富的教育载体。高校思想政治教育工作者可以利用融媒体所提供的载体，让思想政治教育内容更加贴合大学生的日常生活，引导大学生树立正确的"三观"，增强自身的道德意识，修养自身的道德素养，坚定自身的政治信仰，培养自身健全的人格，进而促进自身全面发展。

第二，鉴于融媒体具有资源融通的特点，融媒体通过对不同平台中的信息进行整合、优化，迅速为高校思想政治教育提供全方位、多维度的教育信息。在融媒体视阈下，由于大学生出现不同程度的心理问题越来越多，高校思想政治教育工作者可以借鉴专业的心理咨询方法和理论知识，疏解大学生的心理压力。高校思想政治教育内容也可通过融媒体增强大学生与思想政治教育学习之间的黏性，以此来提高思想政治教育的传播效果。

第三，鉴于融媒体具有很强的互动性且时效性很强，高校思想政治教育工作者可以利用这一特点，在融媒体平台上直接和学生进行线上的实时互动。例如利用班级 QQ 群和微信、微博等平台，从而更好地走进学生的世界，倾听学生真实的心声。在融媒体视阈下，基于网络互联网技术的智能手机、平板电脑等移动终端设备的发展，为高校思想政治教育创造了一个新的教育环境，可不

---

① 兰去非. 传播学视野下高校思想政治教育的实效性探究 [D]. 长春：吉林大学，2016：28.

限时间、地点的全过程进行思想政治教育。综上所述，可知融媒体为提升高校思想政治教育的教育传播效果提供了重要的载体支撑①。

（三）高校思想政治教育是净化融媒体环境的有效途径

融媒体为高校思想政治教育带来发展机遇的同时，也引发了一些问题。融媒体环境的复杂性、大学生自身综合素养不高等因素增加了思想政治教育的难度，而高校思想政治教育能为净化融媒体生态环境提供丰富的思想资源。

1. 融媒体环境的复杂化

目前，融媒体的发展环境发生了很大变化，变得越来越复杂。一是随着全球化格局的到来以及国内改革开放的不断深入，高校思想政治教育环境受到各种思想、观点和思潮的影响，在一定程度上对我国的主流意识形态造成了影响。二是在斑驳冗杂的信息化时代和互联网时代，存在太多的虚假信息，导致部分大学生陷入迷茫，失去正确的选择和价值评判标准，甚至出现个别大学生是非不分的情况，从而为高校思想政治教育的开展带来了一定的挑战。三是融媒体自身的交互性和传播媒介的虚拟化导致一些不良思想的快速传播，同时也增加了提升高校思想政治教育实效性的难度。融媒体环境的复杂性越来越凸显，在融媒体视阈下思想意识形态的斗争是高校思想政治教育工作者面临的最大挑战。

2. 融媒体环境的复杂化会影响大学生

融媒体为高校思想政治教育带来发展机遇，同时对大学生也产生了很大影响。一是从传播学角度出发，大学生是思想政治教育传播过程中的受众，是高校思想政治教育信息的接受者，其对信息的接收与吸收程度会直接影响传播效果。二是在这无处不互联网的时代，一些大学生的网络道德规范与法律意识相对薄弱，在网络虚拟空间中的言行凭个人喜好，出现道德失范和社会责任感缺失等。三是大学生正处于重要成长阶段，尚未形成良好的自我控制能力。面对融媒体中浩如烟海的信息，一些大学生往往难以做到自律，会在自媒体中浪费大量时间，而且身心健康也深受影响，甚至会引发人际交往障碍和心理疾病等问题。

---

① 严博文. 融媒体视阈高校思想政治教育有效接受研究［D］. 桂林：桂林理工大学，2018：24.

3. 高校思想政治教育包含丰富的思想教育资源

进入新时代，高校思想政治教育内容与时俱进，得到了创新，使大学生愿意接受思想政治教育。一是新时代高校思想政治教育主要以理想信念教育、爱国主义教育、道德规范教育、心理健康教育、文化教育、法治教育和实践教育为主要内容。融媒体环境下高校为塑造学生的世界观和价值观提供了正确的指导，大学生通过学习辩证唯物主义和历史唯物主义，学会了运用正确的方法去分析问题、解决问题。二是由于文化多样性所带来的多元化思想、观念的冲击，只有加强对大学生的思想政治教育，坚定理想信念，培养社会责任感，才能在新时代培养有担当、使命，有理想、信念的青年，才能实现高校立德树人的根本任务。三是重视大学生的心理健康教育，这不仅能缓解融媒体环境下大学生出现的心理问题，帮助大学生练就过硬的心理素质，还能促进高校实现学生全面发展的育人目标。综上所述，高校思想政治教育所包含的丰富的思想教育资源，对融媒体环境起着重要的净化作用。

三、融媒体视阈下提升高校思想政治教育实效性的理论依据

融媒体的产生是科学技术进步带来的必然结果，意味着传播手段和传播方式都发生了变化。融媒体不仅对新闻界产生深刻影响，还不断地融入人们的日常生活，影响人们的行为方式。高校作为我国意识形态的重要阵地，如何依托融媒体更好地推动思想政治教育，成为时代重要课题。下面以马克思主义基本原理、相关学科知识为理论基础，挖掘融媒体视阈下提升高校思想政治教育的现实必要性与意义。

（一）马克思主义关于社会存在与社会意识关系的原理

马克思主义哲学为我们认识世界和改造世界提供了科学的方法和理论，也为高校思想政治教育奠定了理论基础。马克思主义的相关原理对在融媒体视阈下研究高校思想政治教育实效性，具有重要的理论意义和实践指导意义。其中社会存在与社会意识的辩证关系原理是历史唯物主义最核心的原理，它科学地回答了社会历史观的基本问题，从而为解决其他历史观问题提供了基础与前提[1]。

---

[1]　曹阳. 新时代高校思想政治教育价值期待研究 ［D］. 武汉：中国地质大学，2020：18.

融媒体的出现是生产方式发展的产物，在带来信息传播方式变革的同时，也深刻影响着经济、政治、文化等领域，这就是一种社会存在。社会意识则是关于精神上的，从不同角度可以将社会意识划分为个人意识、群体意识、社会意识，思想政治教育也属于一种社会意识。

随着改革开放进程的不断深入，生产方式的不断变革，人们对信息的获得与传播要求更高，融媒体便应运而生。融媒体作为一种社会存在，对高校思想政治教育的开展也产生了一定的影响。高校思想政治教育作为一种社会意识，其在内涵和内容上与社会主流意识形态的发展具有一致性。因此，高校思想政治教育实效性要有所提高，就需要充分利用融媒体的优势，巩固、壮大高校意识形态阵地。同时，高校思想政治教育实效性的提升还需要与融媒体的发展相适应，上层建筑必须适应经济基础的发展规律要求高校思想政治教育的开展与创新要与融媒体相结合。再者，社会意识具有相对独立性的特点要求高校应积极把握融媒体的传播优势，将其融入思想政治教学中，从而为开展高校思想政治教育工作提供技术性保障，提高其工作质量。总而言之，在融媒体视阈下要提升高校思想政治教育实效性，必须充分认识马克思主义关于社会存在与社会意识的关系原理，并充分运用这一原理正确应对融媒体对高校思想政治教育带来的影响，从而探寻提升高校思想政治教育实效性的新路径①。

（二）思想政治教育与传播学的相关理论借鉴

在融媒体视阈下要想充分研究高校思想政治教育实效性问题，除了关注马克思主义基本原理以外，还需要借鉴、吸收其他相关学科的理论知识。例如，思想政治教育学科中关于载体的理论、传播学中的受众理论和媒介理论等。

1. 对思想政治教育学中载体理论的借鉴

载体是高校思想政治教育过程中的重要影响因素。早在 20 世纪 90 年代，载体就作为一个独立性的概念被引入。思想政治教育载体具有独特的使命，具有双重特性。思想政治教育载体的双重特性是指载体既是传播主体，也是传播客体，主体和客体可以通过信息的传递进行沟通。因此，通过融媒体带来的丰富教育载体对大学生进行教育是十分有必要的，在思想政治教育过程中有助于增强教育效果，从而使高校思想政治教育得到更为切实的开展。

---

① 闵琳芝. 融媒体视阈下高校思想政治教育路径创新研究［D］. 兰州：兰州理工大学，2019：15.

2. 对传播学中受众理论和媒介理论的借鉴

受众理论是传播学的核心理论之一，是以受众为核心所构建的理论。受众，又称为受传者，通俗而言是指接收信息的一方，具体而言则是指信息传播中的接受者、小范围信息交流中的个体和参与者。在传播活动中，受众可以是一个人或几个人，甚至是成千上万人；可以是一代人，或是几代人。在高校思想政治教育传播过程中，受众可以直接理解为大学生。受众理论源于心理学，运用不同的方法科学研究、分析受众在传播过程中所表现出来的心理特征和行为方式等，进而形成了"个体差异论"和"使用-满足论"这两个重要的受众理论。从受众角度研究高校思想政治教育，大学生就是思想政治教育传播过程中的受众。新时代的大学生自我意识、独立意识明显增强，且个体的独特性更加凸显。在教育过程中，大学生的主观能动性明显增强，这一系列变化与个体差异论相契合，凸显了受众的主观能动性。在海量的信息时代，大学生在面对信息选择时，需要思想政治教育的引导，帮助他们辨别、接收正确的信息。而融媒体这一新的传播手段则为高校思想教育方式的创新提供了技术支撑，并在受众理论的指导下进行有针对性的改进，从而提升高校思想政治教育的实效性。

媒介理论是就具体的传播环境所提出的"媒介环境"概念，强调根据传播环境，选择相适应的方式来达到预期的效果和目标。随着融媒体技术的快速发展，媒介不断推陈出新，既影响着人们的生活方式，也对高校思想政治教育的传播方式产生了影响。因此，在高校思想政治教育中充分运用媒介理论，可以有效地增强高校思想政治教育的传播效果。此外，在高校中设置关于媒介的相关理论课程，并将其融入高校思想政治教育体系中，有利于增强高校师生的媒介素养，从而促使他们理性认识并运用好媒介，进而提升他们的信息选择能力，最终增强高校思想政治教育的实效性。

四、融媒体视阈下提升高校思想政治教育实效性的必要性

随着新媒体技术的快速发展，媒介融合发展不断深入，融媒体应运而生。融媒体的出现促进了高校思想政治教育的创新发展，但与此同时，机遇与挑战并存，融媒体视阈下提升高校思想政治教育的实效性，既是顺应融媒体发展趋势的需要，也是守好高校意识形态阵地的必要之举，同时也是优化高校思想政治教育环境的迫切要求。

（一）顺应融媒体发展的趋势

融媒体发展之所以能成为当前媒体生态圈中的新趋势，主要是由于互联网技术发展得越来越成熟，此外，也有国家政策的支持。

1. 互联网技术发展迅速

媒体的融合发展建立在互联网技术之上，并衍生出更多的功能和平台，与此同时也为传统媒体的转型发展提供了契机。当前，更多的传统媒体利用新兴媒体的技术实现两者之间的融合发展，从而形成一种特有的多元化的信息传播模式。信息经过整合、融合处理之后，再通过互联网或是各种终端平台进行传播，从而实现信息、资源的共享。传统媒体和新兴媒体进行优势互补，催生出今天的理念媒体，即融媒体。互联网技术是融媒体产生的关键性因素，但不是决定性因素，技术的变革使得融媒体成为一种现实。互联网技术所创造的媒介成为融媒体产生和发展的基础，而融媒体的产生和发展则是互联网技术的具体化，同时也是人类感官重组与知觉再造的持续性过程。

2. 大学生已成为网络用户的主要群体

当代大学生是使用互联网的原住民，伴随着网络、媒体的产生和发展过程而成长起来。对大学生群体而言，他们对新鲜事物总抱有一种渴望、积极主动的态度，愿意去冒险或探索新事物。大学生频繁地使用新媒体平台进行日常沟通交流、信息和资源的共享，利用微博、微信、QQ 和短视频等自媒体去展示自己的生活和表达对世界的看法等。不难看出，网络已经成为当前大学生获取信息和人际交往的重要工具，且网络能更好地贴合大学生的现实需求。由于互联网媒体具有互动性强、连接度高、时空不受限的特点，能够最大限度地满足大学生群体的个性化需求，因而，从互联网媒体的使用者角度来看，大学生对新兴媒体是有需求的。所以，无论是现在还是未来，大学生都将是我国网络媒体的主要使用者。

（二）守好意识形态的必要之举

意识形态安全工作一直是我们党工作的重点。推进融媒体深度发展是推动和抓好意识形态工作的有力措施，高校是开展意识形态工作的重要阵地，对大学生进行思想政治教育对于做好意识形态工作是非常必要的。

从国内外形势来看，互联网无疑已成为抓好意识形态工作的关键因素。随着互联网的全面普及，建立在互联网技术基础上并快速发展起来的新兴媒体对我国传统媒体造成了巨大冲击，再加之西方一些媒体通过互联网对我国进行思想文化渗透、价值观输入等，使我国宣传思想工作面临着前所未有的挑战。意识形态领域的斗争和较量是不能松懈的，这是一个长期且复杂的过程。由传统媒体主导的官方舆论场的权威性和公信力因为新兴媒体的出现而有所削弱，因此，推动传统媒体与新兴媒体的融合发展既顺应了媒体发展规律，又具有捍卫国家意识形态安全的战略意义。只有推动融媒体发展，才能掌握舆论场的话语权，才能创造利于国家意识形态安全工作开展的良好媒体生态环境。

理想信念教育是我国高校思想政治教育的重要内容之一。坚定理想信念意味着要经受住各种考验，要有顽强的抵抗力和底线意识。如果没有理想信念，大学生可能会出现思想上的滑坡、生活腐败等严重问题。因此，进行理想信念教育对于巩固我们的精神家园是必要之举。

（三）优化教育环境的迫切需要

高校思想政治教育环境是指对思想政治教育活动以及思想政治教育对象的思想品德形成和发展产生影响的一切外部因素的总和。高校思想政治教育环境是影响思想政治教育实效性的重要因素，环境对人的影响错综复杂。在融媒体环境下，优化思想政治教育环境对于提升高校思想政治教育实效性而言是迫在眉睫的。

媒介因素是影响高校思想政治教育重要的外部因素，对高校思想政治教育起着强化或削弱的作用。近年来，随着融媒体的不断深入发展，媒介日益表现出它具有强大的传播、交流、共享功能。大众传播媒介所具有的强大社会功能，可以主导人们的思想和行为，对高校思想政治教育环境的优化，能为大学生创造良好的学习舆论氛围。因此，要发挥大众传播媒介的功能性优势，就要有意识地规避大众传播带来的负面影响，并对高校的思想政治教育环境进行个性化的创新，从而达到优化高校思想政治教育环境的目的。

马克思主义环境论科学地阐释了人与环境的关系。概括而言，即人创造了环境，同时环境也创造了人，两者是相互影响、相互制约的关系。通过对大量文献的整理分析，可以总结出高校思想政治教育环境对大学生产生的影响主要包括政治素质、文化素质、个人价值、行为规范四个方面。在融媒体大环境下，优化高校思想政治教育环境既具有重大的战略意义，也具有深刻的理论意义和重要的现实指导意义。

五、融媒体视阈下提升高校思想政治教育实效性的现实意义

融媒体具有即时性、覆盖面广、渗透力强等特点，这给高校思想政治教育带来了挑战，同时也为高校思想政治教育创新发展带来了机遇。运用融媒体提升高校思想政治教育实效性具有较强的现实意义。

（一）有利于营造高校思想政治教育的和谐氛围

高校思想政治教育能否做到主客体之间的互动与交流，形成一个良好的互动系统，是高校思想政治教育能否取得实效性的关键。融媒体的交互性可为高校师生建立起一个平等交流的主客体关系，这一新型关系既有利于创造师生间和谐的交流环境，也有利于高校师生和谐相处、相互尊重。在日常生活和学习中，高校师生可以打破时间和空间的限制，通过 QQ、微信等方式进行信息反馈与交流，在这一过程中教育者可以掌握了解学生的思想状况，及时对学生进行思想上的引导，帮助学生树立贴合社会、生活和实际的正确世界观、人生观和价值观。融媒体的技术优势，如形式多样化、图文结合等，可在课堂上最大限度地调动学生的积极性，激发他们的学习兴趣。这样既有利于维护和尊重高校思想政治教育工作者的主导性地位，也有利于学生在相对愉悦、轻松的氛围中潜移默化地接受思想政治教育，从而增强师生间的互动性，使相处氛围更加和谐，进而增强高校思想政治教育的渗透性与实效性。

（二）有利于创新高校思想政治教育模式

传统高校思想政治教育受到一些客观条件的限制，从而导致高校思想政治教育效果不佳。融媒体的开放性促使高校思想政治教育的内容从静态走向动态，从单一化走向全面化，得到了极大的丰富与拓展。这种丰富与拓展反映在以下几方面：一是融媒体具有超大信息量、广泛传播的特点，使高校思想政治教育的内容更加丰富、全面；二是融媒体信息资源的共享性，增加了高校思想政治教育知识储备量，扩大了教育的覆盖面；三是融媒体的多样性，使高校思想政治教育内容更加生动、立体，通过全觉式、沉浸式的教学，从抽象到具体、呆板到活泼，极大地增强了高校思想政治教育的吸引力与教学效果。此外，高校思想政治教育的方式和手段得到创新。融媒体成为高校思想政治教育的重要载体，使思想政治教育传播变得更加及时、直观。融媒体技术将声音、文字、图片、数据等融为一体，在给大学生带来全新听觉体验的同时，又可激

发他们学习的兴趣。融媒体在教育过程中的运用，创新了高校思想政治教育的方式与手段，可促使教授内容通过融媒体的渗透进入学生的内心，实现外化与内化的转变，从而可增强高校思想政治教育的教学效果。

第三节　高校思想政治教育的成效与挑战

一、融媒体视阈下高校思想政治教育的成效

（一）高校网络思想政治教育平台建设初具规模

互联网作为当下宣传思想工作的主阵地，应该加强线上互动与线下沟通相结合，做到线上线下同频共振，从而使宣传思想工作的效率得到极大提升。随着互联网影响力的日益扩大，目前大部分的高校已经在积极搭建网络思想政治教育平台，尝试更新教育方式，为实现师生良好互动与沟通搭建好桥梁。与此同时，部分高校已经组建了专门的教师团队和网络教育平台，比较重视利用网络平台开展思想政治教育，高校思想政治教育与网络平台达到了初步的统一，这有利于增强高校思想政治教育的实效性。

总之，随着融媒体的发展与应用，越来越多的高校及思想政治教育工作者已经意识到利用媒介开展思想政治教育的重要性，部分高校已初步组建专门的教师团队和网络教育平台，为融媒体思想政治教育功能在高校中的实现迈出了关键的一步，取得了初步的成效。

（二）高校思想政治教育内容覆盖范围日益扩大

目前，高校思想政治教育受到内部外部多方面的影响，尤其是网络信息的传播给大学生的价值观造成了不小的冲击。传统媒体与新兴媒体都在我国高校思想政治教育中发挥着不同程度的作用。大学生可以在新兴媒体平台上自由抒发自己的情感，发表自己的观点和看法。与传统媒体相比较而言，新兴媒体的特色与优势在于，能够吸引学生的关注，用大家喜闻乐见的方式进行信息传播。高校思想政治教育的一个重要任务就是尽可能让所有学生都能被思想政治教育覆盖，通过教育促使他们形成良好的思想品德与行为习惯。在融媒体视阈下，大学生不仅可以从课堂教学中获取知识，在新兴的网络媒体平台上主动获

取相关的学习资源，也可以在网络教育平台上进行理论学习。新兴媒体对时空领域的突破，使高校思想政治教育的覆盖范围进一步扩大，这不仅拓宽了大学生的视野，还充实了高校思想政治教育内容，从而进一步使高校思想政治教育的实效性得到显现。

（三）大学生对媒介育人的认知程度逐渐提升

在融媒体视阈下，大学生可以通过多样化的网络平台，获取海量的学习资源，从而高效地进行学习、生活等日常活动。通过网络平台获取知识，可以提升大学生自身的学习素养，培养独立自主的学习习惯与思考能力，进而促进大学生认知能力的提升。在融媒体环境下，大学生通过在网络平台上自由发表自己的观点与看法，可以将自身思想认知投射到具体的社会问题中，参与社会热点话题讨论，有利于发散大学生的思维能力，培养他们的认知能力，从而推动高校思想政治教育工作的开展。这为利用融媒体提升高校思想政治教育实效性，增加了可操作性。

二、融媒体视阈下高校思想政治教育面临的挑战

（一）高校思想政治教育环境更加复杂

媒介融合向纵深化发展不仅改变了信息的传播模式，还引发了教育环境的改变，导致思想政治教育的媒介环境更加复杂，呈现出开放性、海量性、隐蔽性等特征，给高校思想政治教育带来了挑战。

第一，开放性。在媒介环境中，任何主体都可以随时随地发布和接收信息，为多元文化的传播提供了空间。某些西方国家利用其在互联网技术上的绝对优势，掌握大量的信息传播权，试图借助网络媒介的开放性和便捷性，向我国传播不良意识形态。在网络环境中成长的大学生，价值观念尚未形成，成为西方一些国家扩大其意识形态传播面的重点对象。

第二，海量性。媒介技术的发展推动信息内容数字化发展，加快媒介环境中信息的传播速度，为海量信息的传播提供了基础。一些媒介平台为了追求点击率和访问量，大量推送关于"网络红人"和娱乐明星的娱乐新闻和一些与社会主义核心价值观格格不入的内容，以其博人眼球、娱乐性、独特性等特点，借助媒介平台迅速地传播开来，吸引了部分大学生，助长了拜金主义、享乐主义等不良风气的传播和形成。大学生处于"三观"养成的关键时期，筛选信息的能力有限，

这些负面信息会对大学生的身心健康产生消极影响，不利于他们正确价值观的养成。

第三，隐匿性。互联网的复杂程度远超真实世界，加之互联网具有一定的隐匿性，信息传播主体在媒介环境中可以隐藏自己的真实身份，在网上大肆宣扬自己的言论和行为，造成媒介环境中真假信息掺杂。由于大学生辨别信息来源和真实性的能力还不足，批判思维尚未成熟，极易受到不良信息的干扰和不实信息的诱导而走入误区。为此，应进一步关注媒介环境在高校思想政治教育中发挥的作用，净化媒介环境。

（二）大学生获取信息的渠道更加多元

融媒体充分运用传统媒介的内容优势和新兴媒介传播速度的优势，为信息的裂变式增长提供了空间，加快了媒介环境中信息传播和整合的速度，给大学生获取信息提供了多元化的渠道。大学生利用碎片化时间在视频、论坛和学习类网络平台获取资源，这种碎片化的学习方式逐渐成为一种趋势。但是大学生对媒介环境中信息的辨别能力不足，需要教育者加以引导，导致思想政治教育的难度增大。

第一，信息发布主体多元化。从发布机制上看，与传统传播模式专业的、系统的层层把关审核机制不同，融媒体视阈下每个人都可以在媒介平台以推文、评论和弹幕等形式发声，加之网络本身存在一定的匿名性，使得许多在现实生活中不敢面对面表达意见的人，勇于在虚拟空间发声，每个人都可以是信息的发布者、传播者和接收者。传播主体的泛化导致媒介环境中的信息数量激增，大学生辨别信息真假的能力尚未成熟，容易被表面信息蒙蔽，需要思想政治教育者加以引导。从内容上看，媒介环境中的信息在数量上的增长给监管部门和媒介平台的内容审核增加了难度，使得传播内容具有一定的庞杂性和迷惑性。这就需要教育者根据大学生的实际情况和信息内容的具体情况，引导大学生理性看待媒介环境中的海量信息。

第二，信息获取载体多元化。融媒体获取信息迅速、信息内容多元化等特点更能吸引大学生的注意力，满足其多样化的信息需求。越来越多融媒体平台走进了大学生的日常生活和学习，其学习与生活呈现出显著的网络化、媒介化的特征。以 QQ、微信、微博为代表的社交平台，以知网、万方、维普为代表的学术数据库，以中国大学 MOOC（慕课）、超星学习通、腾讯课堂为代表的优质网络课程平台，以人民日报客户端、光明日报客户端、今日头条为代表的专业新闻平台，这些多元化的载体丰富了大学生获取时事信息、学习专业知识和满足个人能力提升需要的渠道。对于"00 后"大学生来说，他们对多元化信息获取载体的适应性较强，对信息获取载体的依赖程度越来越高，思想政治教育则需要根据不同载体的特点以及大学生的使用情况，有针对性地对大学生实施教育和引导。

（三）思想政治教育的话语权受到挑战

在传统传播模式中，广播、电视、报刊等媒介的传播具有一定强制性和单向灌输性。融媒体依托数字和网络技术，打破了传统传播的单一化模式，构建了一个立体化的传播空间。总体来说，主流网络媒体平台对大学生的影响力还不够，存在感较弱。在融媒体环境中，每一个人都是信息的创作者、发布者和接收者，在媒介环境中的话语表达和信息获取相对来说更加自由。这无疑使思想政治教育的话语权受到了挑战，影响大学生对社会主义核心价值观的认知认同和教育者的主导地位。

第一，影响大学生对社会主义核心价值观的认知认同。在融媒体视阈下，传播模式的立体化使得媒介环境中的信息呈现爆炸式增长，庞杂的信息中既有与社会主义核心价值观相一致的正面、健康的内容，同时也掺杂着对社会主义核心价值观产生冲击的负面内容、消极内容。这些负面内容呈现出内容多样化、表达口语化等特点，对热衷于在网上获取信息的大学生来说，这些信息极具吸引力。大学生正处于价值观形成和培养的关键时期，这些负面信息很容易对其思想观念和价值取向产生影响，影响其对社会主义核心价值观的认知认同，给思想政治教育的话语权带来挑战。

第二，弱化了教育者的主导地位。传统教育模式中，教育者通过长期的学习和实践经验积累了一定的知识和信息，与大学生相比拥有更丰富的知识和经验，在知识掌握上处于主导地位。信息技术的飞速发展拓展了大学生获取信息的渠道，与以往在课堂上被动获取知识不同，现在他们可以主动通过媒介平台，随时随地获取优质的课程资源满足其需要。思想政治教育者与大学生在接受信息的层面地位相同，但对于出生在互联网时代的大学生来说，他们在学习和生活上对网络的依赖程度更高，其在接受信息的范围与利用信息的能力上比教育者强得多，在一定程度上削弱了教育者的知识优势，对思想政治教育者的主导地位有所动摇，使之呈现弱化倾向。

（四）对高校思想政治教育工作者的素质要求更高

思想政治教育队伍的素质及水平高低是高校思想政治教育是否具有实效性

的关键影响因素，打造一支"政治强、懂媒体、会操作、素质高、有创新力"①的融媒体专业人才队伍，是当前高校思想政治教育面临的新挑战。这是因为当前高校思政工作者的媒介素养还存在一些问题。

第一，缺乏对融媒体的充分认识。部分高校认为媒介融合就是将大学生常用的、喜爱的媒介平台引入校园，在微信公众号、微博、抖音等新媒体平台运营官方账号，将已有的思想政治教育内容呈现于不同的媒体平台，简单推送相关信息，没有考虑各媒介平台的传播特点，更没有针对性地对内容进行整合。甚至部分思想政治教育工作者认为媒介融合是对其工作量的增加，对融媒体工作存在抵触情绪，导致大学生在各类媒介平台上接收到的仍是以前枯燥的、形式单一的内容，这种"融合"仅融在表面，致使融媒体的功能与优势没有得到体现。

第二，缺乏融媒体专业人才。融媒体平台建设除了以技术为基础外，还需要资金支持、专业团队的通力协作和科学规划。部分高校在建设融媒体平台时，大多将平台运营工作交由学生团队。虽然学生团队具有较强的积极性以及创造性，但其在实际过程中存在缺少丰富经验，只有利用课余时间完成运营工作。此外，由于缺乏专业的媒体知识，融媒体平台建设以及团队构建质量较低，难以形成科学的体系。缺少相关专业人才，是阻碍融媒体视阈思想政治教育工作质量提高面临的又一挑战。

第三，缺乏媒介素养。媒介素养是融媒体视阈下传播主体必备的能力之一，也是思想政治教育者必备的科学文化素养之一。在融媒体视阈下，部分思想政治教育工作者存在媒介理论知识缺乏、运用和控制媒介能力不足的问题。首先，缺乏媒介理论知识。部分年龄偏大的思想政治教育工作者，对于新兴媒介有抵触情绪，不愿花时间去了解和学习媒介理论知识，加之学校也没有组织集体培训和集中学习，导致仍采用传统的教育模式。其次，运用和控制媒介的能力不足。没有扎实的媒介理论知识为基础，则在实践中对媒介的使用和控制难度加大。与时刻处于媒介环境中的大学生相比，思想政治教育工作者控制和使用新兴媒介的能力相对薄弱，甚至部分思想政治教育工作者对于大学生掌握思想政治相关内容的程度完全不了解，存在对网络用语从未听说过的情况，无法及时对网络热点进行引导和教育，导致思想政治教育的育人功能难以有效发挥。

---

① 朱应开. "融媒体"时代高校思想政治教育的困境及路径优化［J］. 石家庄铁道大学学报（社会科学版），2020，14（4）：98.

第二章 融媒体视阈下高校思想政治教育的传播

第一节 高校思想政治教育传播的融媒体机制

一、思想政治教育传播与融媒体的功能耦合

人类的教育实践和传播活动都存在主体与受体间"传"与"受"的融合与互动关系，这构成了教育与传播两者的耦合关系。虽然人们传播的并不都是有价值的教育信息，但教育的过程必然是教育信息及内容传播的过程，因而，思想政治教育传播就是一种以培养和训练人的思想品德为目的，以一定的思想观念、政治观点、道德规范等内容为核心的信息传播活动。由于社会的发展进步，人类的传播方式已由传统的传播媒介发展到网络媒介形式，且融媒体的趋势日益加强，这不仅丰富了思想政治教育传播的载体、方法与渠道，也有效增强了思想政治教育传播的功能、提升了教育传播效果。众所周知，融媒体发展能够极大地发挥出各类媒介的传播功能，有助于扩大思想政治教育传播功效。从这个意义上说，思想政治教育传播与融媒体内在地形成了功能耦合关系，即教育传播和媒介传播分别作为两个子系统，它们在整体系统环境运行中发生了交叉与互动、渗透与融合的关系，通过各子系统的结构变化与调整而相互依赖、相互促进，从而协调一致地向共同的运行目标发展。这个运行目标，即扩大思想政治教育传播效果。

（一）融媒体有助于提升高校思想政治教育传播功效

社会是由千千万万个各不相同且互相联系的子系统构成的有机综合体，兼具传播子系统和教育子系统的特征和功能。高校的思想政治教育传播一般是指高校德育工作者为实现大学生社会主义思想品格的养成及社会主义理想人格塑

造的目标，引导其进行积极正确的行为实践而开展的信息传播活动，其运行目标的有效达成离不开传播者、传播渠道等系统要素的常态运行及其提供的系统环境支持。一方面，思想政治教育传播是德育工作者借助各种传播媒介和渠道开展的以共产主义理想信念、马克思主义政治观点等为核心内容的信息传播活动，其教育成效的优劣有赖于传播成效的高低；另一方面，融媒体是指多种媒介方式或传播模式的融合传播，是为了扩大信息传播广度和深度、提升传播效果而发展的一种新型传播样态，既为高校的思想政治教育搭建了传播平台，又构成思想政治教育的传播环境。因此，融媒体发展与高校思想政治教育传播的有机结合，必然有助于提升高校思想政治教育及其传播的功效。

1. 高校思想政治教育传播的目标与任务

在教育发展史上，随着专业和学科的出现并发展，学科专业的分类越来越细化，学科间交叉融合的趋势也愈来愈明显，教育传播是教育学与传播学在实践中有机交融的产物。无论是人类社会的发展与进步还是人类文化本身的延续和更新，都离不开教育实践，当然也离不开教育信息的传播与交流，因此，狭义上说，教育传播是教育信息的交流与传播，是传播功能、方法及渠道等在教育领域的运用。从传播学的视角来看，思想政治教育传播作为一种具体且独特的教育传播，是教育传播与思想政治教育在实践中有机融合的结果。借助教育传播的相关理论及其实际的社会功能并将其迁移至思想政治教育领域，有助于拓展思想政治教育的研究视角，对高校思想政治教育的功能发挥及目标任务等将产生一个新的认识。

（1）关于教育传播与高校思想政治教育传播。

自有人类社会以来，传播便无处不在，而随着社会的发展进步，传播渠道与传播方式也发展丰富，从初始的符号传播、口语传播直至今天的网络传播，传播方式和形式日益多元多样，并日益向相关领域发展。这种多元多样的传播现象同时带动了多学科多视角的理论研究，有学者开始关注教育领域的传播现象并把传播与教育结合进来进行研究，教育传播遂逐渐生成。

概而言之，教育传播大致由教育传播者、传播内容、传播渠道、传播受众、传播环境以及传播效果等几部分组成，主要指教育传播者依据教育、新闻传播以及学生成长成才等客观规律，在一定的传播环境下，借助一定的传播渠道，将一定的教育内容传播给特定受众，对其思考、困惑等作出回应并由此实现一定教育效果的综合行为。

（2）高校思想政治教育传播的概念。

思想政治教育是一种特殊的传播。教育的性质就是社会按照一定的需要对受教育者进行有目的、有计划、有组织的影响，以培养人们的思想品德、知识技能和智力体力的过程。它的核心是传授，反映的还是一种"传"和"受"的关系。因此，从传播学的角度来看，可以将教育的过程看作传播的过程，而思想政治教育作为教育的一种具体表现形式、一种教育实践活动，是教育者根据一定社会的思想品德要求和受教育者的思想品德形成与发展的规律，对受教育者施加有目的、有计划、有组织的教育影响，促使受教育者产生内在思想矛盾运动，以形成一定社会所期望的思想品德的过程。教育与传播在其功能方面具有耦合关系，那么，作为教育具体表现形式的思想政治教育也必然和传播紧密关联，是一类特殊的教育传播，即思想政治教育传播是教育传播的一种具体表现形式。

鉴于教育与传播具有内在耦合关系，在教育实践与传播互动发展的基础上，教育传播应运而生。鉴于此，作为教育具体形式之一的思想政治教育就必然构成教育传播的一种形态。可见，不论是对人的思想品德施加教育影响还是对其政治思想进行教育实践，都是教育者为达到一定的教育目的对受教育者进行教育的过程，是一种教育信息传播过程，其有效运行离不开教育者、受教育者、教育内容、教育环境等要素的共同作用；这与教育传播的构成要素——教育传播者、传播受众、传播内容、传播环境等具有相似的结构，也会发挥出大致相同教育的功能。这为推动思想政治教育与教育传播的相互借鉴与相互渗透准备了必要条件，从而有助于在高校的思想政治教育体系及其工作领域内实现两者的有机融合。在此基础上形成的融合成果即为高校的思想政治教育传播。

作为高等教育系统内的教育传播活动，我国高校思想政治教育传播的内涵则可大致表述为：高校的德育工作者坚持以马克思主义为指导，依据思想政治教育、信息传播及学生成长成才的客观规律，以培养和训练青年学生的思想品德为目的，借助各种传播媒介开展共产主义理想信念、马克思主义政治观点和社会主义道德规范等核心内容的信息传播活动，正是通过思想政治教育及教育传播，培养青年学生并促进其成长为能够勇挑时代重担、奋力实现中国特色社会主义伟大事业建设目标的建设者和接班人。

（3）高校思想政治教育传播的目标与任务。

作为人类社会的行为表现之一，传播活动既可以是无意识的、自发的行为，也可以是有意识的、自觉的行动。高校思想政治教育传播作为一种具体且明确的传播，是一种有意识、主动而自觉的传播活动，是高校德育工作者为实现预期目标而制定计划并完成目标任务的信息传播活动。我国是社会主义国家，这一鲜明的政治制度及意识形态属性决定了高校思想政治教育传播的目标是培养大学生的社会主义思想品格，塑造其社会主义理想人格，引导其进行积极正确的行为实践。可以说，思想政治教育传播作为我国社会主义意识形态教育引导和灌输的主要形式，其根本目的在于传播代表无产阶级利益的思想观念和价值观点，加强对青年学生进行马克思主义特别是习近平新时代中国特色社会主义思想的教育，从而为我国的社会主义现代化建设培养合格的建设者和可靠接班人。这一目标任务必然要求我国的高等学校，要不间断地对大学生进行共产主义理想信念、社会主义核心价值观等主流主导价值观念的教育传播，促使当代大学生成为习近平新时代中国特色社会主义思想的坚定信仰者、忠实践行者、坚决传承者。当前，随着互联网技术的不断发展进步，各种新兴媒体不断出现，推动信息传播逐渐发展成为传统媒体与新兴媒体相互融合的全媒体综合传播格局。事实上，高等学校的思想政治教育既可以通过课堂授课或开会学习等传统的声音传播方式来开展，也可以借助各类报刊、宣传栏和校园广播等方式进行，还可以利用各类网络媒体如智慧课堂、校园"青马"BBS论坛、QQ或微信群等进行相关教育信息的传播；既可以网上或线下进行，也可以网上线下混合式进行；既可以选择其中一种传播方式进行，也可以选择多种传播方式融合开展、协同发力。然而，无论选择何种教育传播模式，其目的均是最大限度提升教育传播效果，有效达成教育传播的目标任务。

（4）融媒体有助于增强思想政治教育传播功能。

媒体一般是指用来接收、传播信息的媒介，主要包括电视、广播、报纸、期刊（杂志）、互联网及智能终端设备等，可大致划分为传统媒体和新兴媒体、主流媒体与非主流媒体两大类。融合的本意是指两种或两种以上事物经过某种作用而合成一个总体的过程或现象，既有物理层面形式上的融合，也有理念、内容、本质等形而上层面的融合。因而，融媒体就是指传统媒体与新兴媒体在实践中实现的有机融合。伴随云计算、大数据、物联网、区块链等技术进步，融媒体趋势不断加深，进一步推动了全媒体不断发展，出现了全程媒体、全息媒体、全员媒体、全效媒体。另外，教育传播作为一种传递教育信息、传播教育内容的活动，这一过程的良性运行离不开传播者、传播环境以及传播渠道等要素的综合作用；而通过相互融合、相互依赖的传播媒介的综合传播，势必能够形成教育传播者全员参与传播、参与全程传播的局面，从而发挥出积极的传播功能，产生更大的教育影响。

融媒体丰富了教育传播的渠道和载体。教育传播首先是传播者对传播对象的作用过程，是传播者利用一定的载体向教育对象传递教育信息的活动，在此过程中，传播载体发挥着桥梁和纽带的重要作用。在传统模式下，信息传递主要依托声音、书籍、报纸、广播、电视等进行，信息传播基本上以单一化模式进行，且数量少、时效低。随着新兴媒体的出现及其在传播、教育等领域的广泛应用，现代传播在不断吸收传统的传播载体和形式、功能及作用等基础之上进行有机的融合与创新，通过变化与合成而形成更加丰富多样的新载体；不仅推动形成了"报—网—端"一体化传播模式，还产生了诸如移动电视、微信、微博、视频、抖音、快手等一系列新的传播样式，且未来的发展尚难以预期，由此推动信息传播载体的不断丰富。在此背景下，教育传播者既可以选择任意一种传播载体，也可以同时运用多种传播载体综合开展教育传播活动，从而推动了教育传播载体的日益多样化。

融媒体拓展了教育传播的时空范围。无论是传播活动还是教育传播，均具有时空的规定性，是受制于一定的空间范围和时间段的行为。传统意义上的教育传播活动如课堂教学、会议学习等，会受到物理空间——教室或会议室及特定时间安排等限制，理论上说，其传播受众及传播效果会受到一定程度的影响；在融媒体发展的条件下，通过"互联网+"可以连接校园内外的传播受众，通过课程或会议视频回放等方式实现任意时间段的传播。所以说，基于融媒体发展逐渐生成的全程媒体、全息媒体，使得教育传播能够有效突破原有的教学时空限制。比如说，高校的德育工作者可以基于"互联网+"随时随地在线教学并及时发布教学信息、教学任务等信息，教育对象也可以利用全媒体传播平台及时获取其所需的教育信息。

融媒体有助于教育传播队伍的扩大。教育传播者是教育传播系统中的重要因素，教育传播的常态、稳定运行离不开教育传播者的组织、实施及其主体作用的发挥，因此，教育传播者的数量对教育传播效果起着很大的影响作用。基于互联网技术而发展起来的各类新兴媒体的使用，形成了"人人都是传播者"的局面；同样是基于技术而发展的"互联网+"，以其强大的跨界连接功能而推动了融媒体发展，从而强化了各类教育传播主体的传播角色定位。相对于高校的思想政治教育传播而言，"互联网+"不仅连接了校园内外的传播行为，还连接起学生家长、高校属地党政机关的工作人员、学生朋辈甚至各种身份的网民等传播主体，形成了一支隐形的教育传播队伍，协同高校的德育工作者开展教育传播。高校思想政治教育传播队伍的不断扩大，使全员传播、全方位育人成为可能。

融媒体有助于教育传播效果的提升。传播效果是传播活动的目的所在，任何一种有意识、自觉的信息传播活动总是为了实现或达成一定的传播效果。教育传播作为一种自觉、能动且有意识的信息传播活动，其本质是通过教育传播者有目的、有计划的传递教育信息，加强传播对象的教育接受，促使其不断丰富与发展自身的过程。2022年4月25日上午，习近平总书记来到中国人民大学考察调研，第一站是到该校立德楼观摩思政课智慧教室现场教学并参与讨论。据了解，这个智慧教室安装有多个高性能无线接入网点、智慧教学设备终端、中控面板、吊麦及吊麦开关、智能书写板、学生画面摄像机、网络摄像机、交互式触摸屏幕以及自由拼接灵活移动的桌椅；这种多类型媒体的综合运用及灵活自由的布局，有效支持教师及学生将手机、平板电脑、笔记本电脑等多种移动终端设备信号通过无线方式投射至显示系统——兼容 iOS、Android、Windows 等多种操作系统，并可同屏显示多个移动终端屏幕内容，能够保证教师及学生使用移动终端参与诸如资源展示、问题回答、意见发表、课堂提问、现场拍摄等课堂教学活动，从而使课堂教学效果及教育传播效果倍增。尤其是，通过央视、新华网、《人民日报》（网）、《光明日报》（网）的报道，把习近平总书记到中国人民大学考察调研这一重大事件特别是重要讲话瞬时、立体地传播到千千万万大学生中间，让广大青年学生身临其境地感受到习近平总书记对高校思想政治工作特别是思想政治理论课建设的高度重视，更加深刻地领悟当代大学生坚定中国特色社会主义道路自信、理论自信、制度自信、文化自信，在全面建设社会主义现代化国家新征程中勇当开路先锋、争当事业闯将的重要意义。

毋庸置疑，高校的思想政治教育传播属于教育传播的范畴。作为一类特殊的信息传播，高校思想政治教育传播是教育传播的具体表现形式，不过所传播的是特定的思想政治教育信息和内容。因而，融媒体发展所产生的积极传播功能必然能够作用于高校的思想政治教育传播活动，也必然能够提升思想政治教育传播的效果。鉴于此，构建高校思想政治教育传播的融媒体机制以实现思想政治教育传播的目标与任务、增强思想政治教育传播的功效，不仅是可能的，也是必要的。

（二）构建高校思想政治教育传播的融媒体机制

互联网技术发展推动了"第四媒体"或新兴媒体的出现，促进了融媒体趋势不断加强，传统的媒介形式如报刊、书籍、电视、电话等与网络、电脑、手机、手持智能终端等新兴传播媒介能够有效结合起来，实现资源共享，并通过不同的平台和渠道传播给受众，从而实现传统媒体和新兴媒体多功能一体化融合发展。在此趋势下，高校的思想政治教育完全有可能而且必然要借助这一科技发展成果，基于教育传播实践而探讨构建一个系统的运行机制，即高校思想政治教育传播的融媒体机制。尤其是，中共教育部党组于 2017 年 12 月发布了《高校思想政治工作质量提升工程实施纲要》（以下简称《纲要》），要求充分发挥课程、科研、实践、文化、网络、心理、管理、服务、资助、组织等方面工作的育人功能，切实构建十大育人体系。《纲要》明确提出，要"大力推进网络教育，加强校园网络文化建设与管理，拓展网络平台，丰富网络内容，建强网络队伍，净化网络空间，优化成果评价，推动思想政治工作传统优势同信息技术高度融合，引导师生强化网络意识，树立网络思维，提升网络文明素养，创作网络文化产品，传播主旋律、弘扬正能量，守护好网络精神家园"①。我国高校的每一位思想政治教育工作者都必须贯彻落实《纲要》的要求，在工作中"推动思想政治工作传统优势同信息技术高度融合"，探索构建思想政治教育传播的融媒体机制。

1. 融媒体机制的生成及其特征

"机制"一词属于舶来品，源于希腊文，原指机器的构造和工作原理，在英文中为 mechanism，有机械、机构、作用过程、途径和方法等多种涵义，自然科学将其看作事物或自然现象的作用原理、过程及功能等，而在社会科学中，其意义则更为复杂。

（1）关于融媒体机制。

众所周知，构成生物体的若干机制必然是活动的有机体，且在特定的生命体系统内运行。这一概念范畴迁移到社会科学研究中，也必然遵从在特定系统内运行这一内在逻辑，即构成特定机制的各结构要素是有机联系的良性运行状态，以维持系统的存在。可见，机制的本义是指特定系统内各要素之间的结构关系和运行方式。因为机制一定是系统的机制，机制运行的目的是维持系统的稳定和平衡，从这个意义上说，机制亦即系统机制。所以说，融媒体机制亦是融媒体的系统机制，主要指传统媒体和新兴媒体实现融合而产生新形态、发挥新功能的作用机理。在这个系统机制中，其主要的结构要素是媒介、传播者、受播者或受众，其功能是达成传播目的的有效性，其作用机理就是传播者通过各种媒介（融合）以实现传播效果。当然，任何系统不可能脱离特定的环境

---

① 中共教育部党组. 中共教育部党组关于印发《高校思想政治工作质量提升工程实施纲要》的通知［EB/OL］.（2017-12-05）［2024-06-07］. http://www.moe.gov.cn/srcsite/A12/s7060/201712/t20171206_ 320698.html.

而存，处于不同空间、不同规模的系统，其运行环境会各不相同。若把高校的思想政治教育传播看成一个系统的运行机制，那么其运行环境则主要是高校系统内部及相关联的社会环境——如地方党政机构、学校所在地的传媒机构等，还包括网络空间的虚拟环境。

（2）融媒体机制的生成。

融媒体机制生成有赖两个条件：一是信息技术发展推动了新兴媒体的形成，二是社会发展的现实需要推动了融媒体。

第一，信息技术发展推动形成了全媒体传播格局。人类社会不断发展进步，这在各个历史阶段、不同领域都能得到印证。从人类的传播方式和手段来说，经历了从符号、声音、文字传播到电话、电视传播再到网络传播，这是生产力发展特别是科学技术进步推动的结果。正是互联网技术发展催生了"第四媒体"等新兴媒体的出现，并由此推动形成了全媒体传播。因此，采用文字、声音、影像、动画、网页等多种媒介手段来传播信息的传播模式即称为全媒体传播，其主要特征表现为：利用广播、电视、音像、电影、出版、报纸、杂志、网站等不同媒介形态实现业务融合，通过融合的广电网络、电信网络以及互联网络进行传播，实现三网融合，用户通过电视、电脑、手机等多种终端均可完成信息的融合接收以实现"三屏合一"，任何人在任何时间、任何地点，以任何终端获得任何想要的信息。在全媒体传播的基础上，逐渐推动了全程媒体、全息媒体、全员媒体、全效媒体等不断发展。可见，互联网技术推动形成的全媒体传播，为融媒体发展提供了客观前提。传统媒体与新兴媒体等多种媒介手段和方式在不断融合并发挥媒介功能的过程，即融媒体机制的形成过程。

第二，传播主体的主动作为使融媒体成为可能。唯物辩证法认为，外因是事物变化发展的条件，内因是根本，外因通过内因发挥作用。融媒体机制的形成离不开互联网技术的发展推动，但更离不开传播主体的主动作为——这是融媒体机制形成的必要条件，也是重要推动因素。作为内因，传播主体基于全媒体传播模式而主动作为、积极推动，加速了融媒体机制的生成；基于互联网技术发展带来媒介传播的变革。国外传播学界自20世纪70年代即开始了关于融媒体的探究，此后，我国不少学者亦开始从融媒体的动因、要素等视角展开探讨，不断推动融媒体的理论探索。在实践层面，我国在2001年通过的《中华人民共和国国民经济和社会发展第十个五年计划纲要》中就曾明确提出推动电信、电视以及计算机的三网融合，由此，融媒体从理论层面的探讨逐渐进入实际运行阶段，并给我国的经济社会发展带来了积极的促进作用。随着经济社会发展的不断深入、改革开放的日益深化，我国社会的利益矛盾分化加剧，社会思潮趋向多元发展，加强共产主义理想和社会主义教育、维护社会主义意识形态安全、营造和谐向上的社会氛围就显得更加迫切而重要。在这一形势下，党和国家重视推动融媒体发展，在文化教育等领域着力构建融媒体机制，就成为我国宣传思想和意识形态工作的重要内容。

（3）融媒体机制的特征。

在互联网技术发展及传播主体的主动作用下，融媒体机制得以生成。融媒体机制亦是融媒体的系统机制，主要指传统媒体和新兴媒体通过有机融合而产生新形态、发挥新功能的作用机理。这一机制的运行呈现出以下三方面的特征。

第一，传播的聚合力增强。聚合力概指某一社会共同体成员为实现或达成共同的目标而产生的凝聚力。在传统的传播模式及传播过程中，受传播者数量少、媒介类型单一等特点的影响，传播的聚合力不足；而在互联网技术发展及传播主体的积极推动下，传统媒体与新兴媒体的融合发展不断加深，由此推动传播者数量不断扩大、媒介类型不断丰富等，各种传播要素的功能基于融媒体机制的有效运行而不断汇聚，促进传播的聚合力不断增强。

第二，传播的影响力提升。传播的影响力是传播能为他人接受的范围和程度，这是人类传播行为的目标价值所在。融媒体机制旨在通过传播者发挥各种媒介（融合）的功能进而实现传播目的，在此过程中，融媒体机制能够整合传播资源、创新传播形式、扩大传播主体和受众，从而不断提升传播的接受范围和程度，并通过整合不同传播要素的功能而发挥最大的传播作用。

第三，传播的覆盖面扩大。传统媒介条件下，信息传播主要通过单一的文字、图片、声音等方式进行，易于形成"一对一"单向传播模式而不利于形成"一对多"传播模式。在融媒体发展的条件下，全媒体传播的趋势使得"一对多""多对多"传播成为普遍的传播模式，形成了全员参与传播、参与全程传播的态势，从而不断扩大传播的覆盖面。

当然，互联网技术发展推动生成的融媒体机制为更好地提升传播效果奠定了基础，然而也要看到，由于流量竞争导致媒体分发平台过剩的现象也日渐凸显，这在传播实践中反而弱化了传播效果，不利于扩大传播影响力。因此，要推动传统媒体与新兴媒体的深度融合，通过优化融媒体机制的运行而发挥其积极的传播功效。

2. 高校思想政治教育传播融媒体机制的组织运行

毫无疑问，任何传播行为均离不开传播介质或传播媒介，融媒体是以媒介融合为前提的。如果把高校思想政治教育传播看成一个系统，那么这个系统中就客观地存在一个运行机制，换言之，在这个教育传播系统中也就必然存在媒介融合的现象及融媒体机制。本质上说，高校思想政治教育传播属于传播的具体表现形式，因此，比照前述关于融媒体机制的探讨分析，可以把高校思想政治教育传播的融媒体机制理解为，高校思想政治教育传播各构成要素之间由于相互联系和制约而构成特定的结构，并在教育传播环境中发挥特定功能及作用的原理和过程。

（1）高校思想政治教育传播的融媒体机制的结构。

我国高校思想政治教育传播的融媒体机制是由高校思想政治教育传播的各结构要素联动运行并和传播环境发生交互作用的有机传播体系。其结构要素主要包括传播者（主体为高校的德育工作者或思想政治教育工作者）、传播受众（主体为在校大学生、传播媒介）。

广义上的德育指所有有目的、有计划地对社会成员在政治、思想与道德等方面施加影响的活动。狭义上的德育专指学校德育，指教育者按照一定的社会或阶级要求，有目的、有计划、有系统地对受教育者施加思想、政治和道德等方面的影响，并通过受教育者积极的认识、体验与践行，以使其形成一定社会与阶级所需要的品德的教育活动，即教育者有目的地培养受教育者品德的活动。在我国高校，凡是对大学生实施德育教育的主体均统称为德育工作者。不加严格地区分，高校的德育工作者就是思想政治教育工作者，主要包括：学校党委部门工作人员——党委宣传部、党委学工部、党委研工部的工作人员，团学部门工作人员——学生处、团委的工作人员，二级学院党委、团委工作人员，辅导员及思想政治理论课教师（以下简称思政课教师）。其中，辅导员及思政课教师是实施思想政治教育及教育传播的主体，学校党委是高校思想政治教育及教育传播的政治核心，起着领导、统筹、指导的重要作用。

传播媒介是由传播主体向传播受体传播、达成传播目的和效果的介质，在我国高校思想政治教育传播系统中，传播媒介主要包括：声音传播，如课堂授课和课下辅导、召开主题班会、主题团会、"三会一课"、校园广播等；文字传播，如教材和课本、报纸和杂志、校园墙报和班级黑板报等；电子传播，如电视、电话、录像等；网络传播。在这些不同的传播媒介中，不同的媒介有不同的功能，既可以独自发挥作用但更多的是相互融合、协同发挥传播功能。特别是因互联网技术发展而推动出现的"互联网+"，因其跨界融合、无线连接的功能而使传统媒体和新兴媒体的融合成为可能。如，当前出现的"报、网、端"一体化发展、"网上—线下"混合式课堂教学模式等，就是融媒体发展的产物，从而为高校的思想政治教育传播带来重大契机。

（2）高校思想政治教育传播的融媒体机制的运行环境和目标。

作为一个系统运行机制，我国高校思想政治教育传播的融媒体机制的运行所依赖的系统环境，主要是大学校园环境。这里的校园环境不仅仅是物理意义上的校园，更主要包括学校的校风、学风和学校的工作环境、师德等软环境。有时候，学校的软环境更能有效发挥环境育人的教育功效。然而，任何一个子系统都不是孤立存在的，必然处在更大的系统之中。由于高等学校作为一个办学主体不可能孤立存在，它也必然依赖于特定区域的社会环境——如一些省属高校所坐落的城市；而且，由于数量众多的大学生群体来自全国各地——这意味着他们的原生家庭会分布在全国各地，因而，我国高校思想政治教育传播的融媒体机制的运行环境还涵盖区域内的媒体传播机构及广大家庭和社区。从思想政治教育的角度来看，环境对大学生个体思想品德和心理发展的作用是巨大的，所以我国高校向来重视发挥环境育人的重要作用；从教育传播的角度来看，校园大众传播不仅有助于形成正向而积极的校园环境，而且能够监视错误的、不符合社会主流价值观念的负向舆情舆论，从而有助于净化校园环境。也就是说，校园传播媒介能够为思想政治教育传播的融媒体机制的运行提供正反两个层面的环境支持。

对于一个系统机制而言，保障机制的正常、健康运行以实现机制的运行目标，这是其作为系统而存在的最终意义。也就是说，高校思想政治教育传播的融媒体机制的运行目标，是要借助融媒体平台，通过传播主体的传播而调动发挥机制的功能，优化教育传播模式，提高思想政治教育的实效，从而提高学生的思想政治素质。

因此，高校思想政治教育传播是一个系统的融媒体机制，经过该系统内部结构与功能的相互促进和制约关系，保障其实现最终运行目标，即实现高校思想政治教育传播的实效性。

二、融媒体发展给高校思想政治教育传播带来挑战

网络传播的出现带来人类社会信息传播方式和手段的变革，是显而易见的，这种改变在社会各个领域都能得到反映。在互联网技术发展条件下，融媒

体发展趋势不断加深，经由融媒体发展而加速形成的全媒体传播格局在给高校思想政治教育传播带来诸多发展机遇的同时也给高校思想政治教育传播带来许多挑战，具体体现为：互联网思维模式冲击了传统思想政治教育传播模式、信息网络化发展增加了价值观念甄别的难度以及网络传播的开放性增加了环境育人的难度。

（一）互联网思维模式冲击了传统思想政治教育传播模式

每一个时代的理论思维，包括我们这个时代的理论思维，都是一种历史的产物，它在不同的时代具有完全不同的形式，同时具有完全不同的内容。从农业社会的农业文明到信息社会的信息文明，人类的文化发展及文明程度均是由特定社会经济基础决定的，只是不同历史时期的社会经济基础决定了理论思维或人类文明具有不同的形式和不同的内容。人类社会信息文明的发展受制于特定时代的经济基础。科学技术作为第一生产力，它所催生的互联网技术极大地推动了人类信息文明的发展，微观层面而言就是推动了信息传播媒介的发展，并在此基础上产生了互联网思维。作为互联网时代的产物，互联网思维的形成与互联网的产生及广泛应用密切相关，互联网思维强调用户思维（用户至上）、社会化思维（平等参与、协作）以及平台思维（开放、共享）等。在高校思想政治教育传播体系中，互联网思维及互联网思维模式对思想政治教育传播提出了更高的要求和更大的挑战。

1. 要求改变传统的"满堂灌"教育传播方式

在传统的教育传播模式下，高校思想政治教育传播的有效运行主要依赖于传播者对传播受众所进行的信息传递——借助课堂教学、开会等形式，德育工作者将其所掌握的教育信息和资源以"灌输"方式传递给学生，通过这种"接受式"教育，实现思想政治教育信息的有效传递。在长期的教育传播实践中，这一"灌输"模式起到了巨大的教育作用和效果，不仅能够有效维护教育传播者所拥有的教学资源优势及课堂教学主导地位，而且保证了通过主渠道传播马克思主义指导思想和我国社会的主流意识形态。然而，作为一种典型的"一对多"传播模式或"满堂灌"模式，已经不能适应在互联网环境中成长的"00后"大学生的学习接受度。而互联网思维则强调以用户为主（即以学生中心）、平等参与（即互动参与），这一理念及其所倡导的教育传播模式则有力地冲击到"满堂灌"模式并要求改变"一对多"的单向教育传播。在网络媒介条件下，思想政治教育信息呈现出无时不在、无网不入、无处不及的状态,这种信息获取和传播接受为"互联网一代"大学生所熟知并运用,极大地改变了传统条件下德育工作者所拥有的教学资源优势,因而在一定程度上弱化了"满堂灌"模式的教育传播效果。在网络媒介背景下,必然要求高校的德育工作者要确立互联网思维而改变传统的教育传播方式,并结合"00后"大学生的学习接受特点,组织开展互动参与式教育传播活动。表现在课堂教学中,除了必要的知识讲授外,教师应组织课堂讨论、问题探究,甚至进行 VR (Virtual Reality) 仿真体验,以积极拥抱融媒体发展所带来的教育传播方式的变革。

2. 对传播主体的现代教育技术技能提出了新要求

毫无疑问,高校思想政治教育及教育传播,离不开课堂教学主渠道主阵地。在传统思想政治教育传播模式下,高校思想政治教育传播主要通过"面对面"的课堂教学,通过这种线下思想政治教育传播,德育工作者能够根据学生的课堂反应及时调整教育传播进度,保障教育传播效果。然而,随着互联网技术发展而形成的"社会化思维"和"平台思维"等理念运用于课堂教学中,便形成了"空中课堂"或"云上课堂"模式及"线上+线下"混合式教育传播方式,使德育工作者与德育对象处于网络媒介的两端。这类新的媒介方式使得课堂教学出现了"见物""听声"但不见人的情形,使得其教育传播效果无法得到保证。影响教育传播效果的主要因素在于两个方面:一是如何落实和保证常规的课堂教学管理,二是教育传播的内容和形式能否适合大多数学生的接受习惯。这两方面因素都严重制约了思想政治教育传播效果,最终影响到思想政治教育传播的教学质量。因而,高校的广大德育工作者应掌握基本的网络操作技能,熟练掌握现代教育技术,唯此,方能适应融媒体发展条件下的教育传播工作需要,在学校的思想政治教育传播体系中切实发挥教育传播作用,不断提升教育传播效果。

(二)信息网络化发展增加了网络思潮价值甄别的难度

任何事物均有其相对的一面,如同网络的"双刃剑"性质,融媒体机制并不会时时处处发挥正面且积极的功能,这是构建高校思想政治教育传播的融媒体机制所必须正视的现实。由于"互联网+"连接了现实社会和网络空间,现实的社会思潮必然会投射到网络空间,加之网络社会崛起后由亿万网民网络化参与而形成的舆论观点会汇成一股股思潮,这就使得网络社会思潮更加复杂多元,夹杂其间的价值观念驳杂纷呈。当代大学生是一个非常活跃的网络参与群体，在学校实施教育传播之余，他们会自主选择参与网络活动，但"00后"大学生的阅历特别是其价值观的辨别能力有待发展和提升，如果学校德育工作者的教育引导没有跟进，一部分人很有可能经由网络传播而走向价值偏离。这是融媒体发展给高校思想政治教育传播带来的一个重要挑战。

1. 网络信息选择的自由性增加了价值观念的甄别难度

现代科学技术的进步，推动了以传递、交流和对信号本身进行物理加工为目的的网络的发展日新月异；同时，社会生产生活方式发生了巨大变化，这些变化毫无保留地反映到网络社会思潮中。随着亿万网民使用互联网传播信息并利用其承载信息、参与网络活动，网络社会逐渐形成，如此，网络社会思潮就包含了现实社会思潮和网络社会生成的舆情舆论。自信息传播从传统媒介发展到新兴媒体传播阶段，并与传统媒介融合发展，信息网络化亦即形成。信息网络化发展的一个显著特点是信息传播自由、信息接受自由，进而形成了"人人都是信息源""人人都是麦克风""人人都是接收器"的传播现象。尤其是，随着融媒体发展特别是网络媒介的广泛普及，"00后"大学生的学习和生活离不开微信、微博以及各种网络论坛、网站等媒介。鉴于网络社会思潮的复杂多元、价值观念的纷繁芜杂，涉世未深的"00后"大学生主动而频繁地参与网络媒介的信息交流和传播，很难保证他们能够正确识别网络社会思潮中的主流价值观念，更有甚者，有的学生会陷入各种非马克思主义意识形态的泥沼中而不自知。从教育传播接受的角度来看，这对高校的德育工作者实施思想政治教育传播就形成了一个潜在而巨大的挑战。

2. 网络思潮的芜杂弱化了高校思想政治教育传播功效

在传统的传播模式中，主流媒体凭借其官方垄断地位及其掌握的技术优势，几乎完全控制信息传播媒体及传播内容，反映到高校校园的教育传播体系，课堂教学主阵地、学校党委宣传部等部门发布的宣传思想工作要求等均处于绝对的传播主导地位，思想政治教育传播效果因此得到保证并不断强化。然而，互联网构造出了一个无限延展、没有边界的虚拟世界，在这个世界里个体可以以"隐身人"身份参与网络，信息传播自由，信息接受自由，其结果是形成一个网络舆情思潮复杂多元的网络社会。一些落后、腐朽、错误甚至反马克思主义思潮趁机进入网络空间并得到不同程度的传播。如果存在部分大学生无序、非理性参与网络并被别有用心之人"带偏"现象，那就直接削弱了学校思想政治教育传播的功效。

（三）网络传播的开放性增加了网络社会环境育人的难度

正是因为互联网的出现才推动了网络社会的形成与崛起，而新兴媒体的出现营造了开放性信息传播环境。相对于教育传播主体而言，这个网络社会环境对高校思想政治教育传播同样能够发挥"环境育人"的重要作用，只是由于网络社会环境的复杂性，在拓展思想政治教育传播空间的同时，它在更多时候会增加对思想政治教育传播的负面影响。

1. 增加了非主流价值观渗透的风险

高校思想政治教育传播的重要任务之一在于进行社会主义核心价值观的学习和宣传教育，以社会主义核心价值观引领大学生的成长成才，并在校园内外营造积极向上的教育传播环境。随着融媒体发展不断加深尤其是网络媒体的普及，当代大学生不约而同地选择网络媒介方式自主参与网络。新兴媒介在推动社会核心价值向网络社会传播的同时，也为非主流价值观念的传播提供了机会；加之网络舆情思潮自身的多元化价值趋向，在一定程度上污染了思想政治教育传播环境。更有甚者，一些别有用心者通过网文或微博等方式传播历史虚无主义等错误思潮，带偏部分涉世未深而难辨真伪信息的青年学生，不仅增加了思想政治教育网络环境育人的难度，而且还会带来意识形态安全风险。

2. 加大了校园网络舆情监管难度

网络舆情一般是指通过互联网表达和传播的各种不同情绪、态度和意见的信息交汇，是民众通过网络传播媒介和平台对社会事件、公共问题所产生并持有的政治态度、信念和价值观的综合反映。校园网络舆情，则是在校园空间范围内酿成、产生的网络舆情，它总体上反映出本校特定时间段在校学生的态度和价值趋向。我们知道，互联网技术是融媒体发展的"助推器"，在推动高校思想政治教育传播不断拓展育人空间的同时，也产生了愈来愈多的网络空间原住民——包括"00后"大学生，网络已构成其生活必不可少的部分。大学生网民与广大同学之间、与社会上乃至世界上其他网民互动参与网络活动，获取资讯信息、浏览新闻、进行评论、跟帖转发、分享观点、进行辩论、打网络游戏、观看视频、网络社交等，营造出一个生机勃勃的网络舆论场。大学生网民在网络空间特别是课余时间的网络参与活动，高校的德育工作者难以介入，因而难以实施有效的教育引导；网民匿名或隐身参与网络活动淡化了约束性和自律意识，网络治理难以有效规约网民的参与行为，等等。这些都加大了网络舆情监管的难度。当然，网络舆情监管难根本上是由网络传播媒介发展导致的，但高校德育工作者无法做到时时处处在网络空间实施教育传播并因此无法时时处处教育引导大学生的网络参与行为，是校园网络舆情监管难的重要原因。

三、优化高校思想政治教育传播的融媒体机制

融媒体机制是传统媒体与新兴媒体在有机融合过程中产生新形态、发挥新功能的作用机理，是传播者在一定的环境中通过运用各种媒介（融合）以实现传播效果的过程。作为一个系统机制，高校思想政治教育传播目标的实现离不开系统要素功能的积极发挥，而融媒体机制的有效运行则为系统各要素功能的积极发挥提供了可能，即两者呈正相关：各要素功能的积极发挥促进了系统机制的良性运行，系统机制的常态运行保障了各系统要素功能的正常发挥。同时，高校思想政治教育传播作为社会大系统中的一个子系统，其结构要素主要包括传播者（德育工作者）、传播受众（"00后"大学生）、传播平台（各类媒体），其运行环境包括校内与校外、现实与虚拟的传播环境。那么，维持这个子系统的存在并保持系统稳定，必须依赖特定系统机制的运行。正是通过融媒体机制，可把高校的德育工作者、在校大学生及校园内外、网上线下环境有机连接起来，使学校的思想政治教育传播系统保持不竭的动力。因而，探索构建并在教育传播实践中着力优化高校思想政治教育传播的融媒体机制，即通过健全高校思想政治教育传播的角色融合机制、优化高校思想政治教育传播的环境融合机制以及完善高校思想政治教育传播的保障机制，促使高校思想政治教育传播的各构成要素相互配合、协同用力，不断提升高校思想政治教育传播实效，服务于思想政治教育"立德树人"的历史使命。

（一）健全高校思想政治教育传播的角色融合机制

高校的思想政治教育传播担负着为实现民族复兴培养有本领、有责任、敢担当、讲作为的时代新人的历史使命，而这一任务职责的有效落实离不开思想政治教育传播角色作用的发挥。随着互联网的发展以及融媒体发展进程的不断深化，作为高校思想政治教育传播的融媒体机制系统的重要组成部分，思想政治教育传播角色理应多元多样，包括高校德育工作者、家长、朋辈等，这些传播角色从不同的层面和角度作用于思想政治教育传播机制、发挥着不同的教育传播作用。在融媒体发展的趋势下，通过网络媒介必然能够建立并健全教育传播的角色融合机制，调动多元主体育人积极性，从而构建起全员、全方位育人模式。

1. 积极发挥高校德育工作者的教育传播作用

高校的德育工作者概指高校中从事德育工作的所有工作人员，主要包括：学校党委部门和团学部门工作人员，二级学院党委、团委工作人员，辅导员、思政课教师及学校社科工作人员。除学校的社科工作人员外，他们的主要工作职责都与高校思想政治教育直接相关，从这个意义上说，高校的德育工作者就是思想政治教育工作者。只是他们在教育传播体系中担任的角色不同，发挥的作用也不相同。由于任何一个系统机制均需依赖系统环境的支持方可生存，高校的教育传播的融媒体机制与系统运行环境进行交换的中介、发生联系的纽带即是系统环境中的传播主体，这类传播主体离不开学校的党委部门、辅导员与思政课教师。

（1）积极发挥学校党委部门的传播角色作用。

在高校承担高校思想政治教育职责的党委部门，主要是党委宣传部、党委学生工作部、党委研究生工作部、二级学院党委。其中，党委宣传部与学生思想政治教育有关的主要职能包括：负责全校宣传思想工作协调、指导、归口落实，负责全校重大政治活动宣传教育的协调、组织，组织全校大型理论报告会、形势政策报告会，协调德育教育和"思想政治理论课"建设，协调、指导全校文明创建活动的开展，负责对内对外宣传报道工作，统一管理和协调学校的新闻宣传和网络信息安全工作，负责建设、管理和维护学校新闻网等。党委学工部和学生工作处是学校两个内设机构，合署办公，负责学生思想教育、学生管理、学生资助、心理健康教育等工作，与学生思想政治工作有关的主要职能是负责本科生思想政治教育、指导二级学院开展学生日常思想政治教育。二级学院党委则主要贯彻学校党委的部署，落实党委部门的工作安排，直接对本学院学生进行思想政治教育和管理。在学校的思想政治工作体系中，前述各部门除执行学校已有的制度规定及运行机制之外，还应明确各自的教育传播角色及职责定位，在学校党委的统筹、领导下，加强协作与配合，通过教育传播的融媒体机制，高效地完成思想政治教育及教育传播的工作任务。

（2）积极发挥辅导员和思政课教师的传播作用。

2017年8月，教育部公布了修订后的《普通高等学校辅导员队伍建设规定》，第二条明确规定："辅导员是开展高校思想政治教育的骨干力量，是高等学校学生日常思想政治教育和管理工作的组织者、实施者、指导者。"①
2020 年 1 月，教育部公布了《新时代高等学校思想政治理论课教师队伍建设
规定》，第二条规定："思政课教师是指承担高等学校思政课教育教学和研究
职责的专兼职教师，是高等学校教师队伍中承担开展马克思主义理论教育、用
习近平新时代中国特色社会主义思想铸魂育人的中坚力量。"② 这两个教育部
令的颁布，清晰地规定了高校的辅导员和思政课教师在学校思想政治工作体系
中的地位和职责。因而，这两类教育传播主体必须相互配合，形成工作合力，
并在工作中创新思路和方法，通过融媒体机制发挥出教育传播者应有的积极作
用。一方面，辅导员要充分利用各类主题班会、主题团日、学生党支部"三
会一课"及班级 QQ 群、微信群、腾讯会议、学习通等传播媒介，对学生开展
思想理论教育和价值引领，引导学生深入学习习近平新时代中国特色社会主义
思想，深入开展中国特色社会主义和社会主义核心价值观教育，帮助学生牢固
树立正确的世界观、人生观和价值观；并要加强网络思想政治教育，建设网络
思想政治教育阵地。另一方面，广大思政课教师要坚守课堂教学主阵地，讲好
思想政治理论课。要通过各类传统媒介和新兴媒介方式，引导学生立德成人、
立志成才，树立正确的世界观、人生观和价值观，坚定对马克思主义的信仰，
坚定对社会主义和共产主义的信念，厚植爱国主义情怀，为培养德智体美劳全
面发展的社会主义建设者和接班人作出积极贡献。鉴于这两类教育传播主体的
工作目标高度一致、职责任务基本相同，可以形成教育传播合力。事实上，很
多高校的辅导员同时亦是思政课教师；即使不是同一身份，他们也可针对一个
特定的班级加入共同的 QQ 群、微信群、腾讯会议、学习通等网上课堂，共同
或交互实施思想政治教育传播，从而有助于增强思想政治教育传播的针对性和
实效性。

2. 调动并发挥家庭及朋辈的传播角色作用

高校德育工作者是影响思想政治教育传播成效的关键性因素，但积极、有
效的思想政治教育传播也离不开家庭及朋辈的教育影响。家庭是学生成长成才
的"始发站"与"能量站"，朋辈成员间存在天然的亲近关系，在网络媒介条
件下，"00 后"大学生与其家庭（家长）、朋辈之间保持无间断的联系和沟

---

① 中华人民共和国教育部. 普通高等学校辅导员队伍建设规定 [J]. 中华人民共和国国务院公
报，2017（4）：36.
② 中华人民共和国教育部. 新时代高等学校思想政治理论课教师队伍建设规定 [J]. 中华人民
共和国国务院公报，2020（13）：7.

通，他们在思想政治教育传播体系中发挥着不可替代的积极功能。

（1）调动并发挥家庭的思想政治教育功能。

家庭既是一个人生存、生活的最基本物质场所，也是一个人最初接受教育并终生受其影响的文化载体或文化单位，更是影响思想政治教育传播成效的重要因素之一，因而，调动并发挥家庭的思想政治教育功能，对于提升高校思想政治教育传播的影响范围与影响功效、促进教育传播机制的良性运行具有积极的意义。因为家庭是个人接受爱家、爱国理念教育的最初场所，家庭成员对国家的认识与热爱、对责任的承担与履行，无形中教育并影响着子女。"愿将此生长报国"——这是革命烈士之子彭士禄对父辈理念的继承，更是其一生的真实写照，从核潜艇到核电，他为伟大祖国奋斗、拼搏了一生。可见，良好的家风有助于家庭成员正确政治价值观、道德观的涵育与养成，在思想政治教育传播体系中发挥着基础性作用。而且，家庭是连接个人与学校的桥梁与纽带，因网络媒介的连接而实现和学校教育的无障碍传播。相对于大学生的思想政治教育而言，家庭成员一般都能够以积极配合的态度支持、保障高校思想政治教育传播的常态化开展。

（2）调动并发挥朋辈的思想政治教育传播影响。

朋辈一般是指两人或两人以上因年龄、成长经历、价值趋向、人生追求等相同或相近而形成的比较密切关系的群体。从朋辈关系的形成过程来看，这种朋辈效应具有明显的教育功能和作用。朋辈成员特别是大学生和朋友之间经常一同分享经验、知识、观念，不仅有助于朋辈成员之间相互理解，更容易使受教育者接受朋辈其他成员（教育者）输出的知识和价值观念。通常而言，大学生朋辈间至少有四个联系交流平台，即教室、宿舍、校园社团、微信群或QQ群，在当前的网络媒介条件下，除同宿舍的交流外，朋辈间毫无例外地首选网络媒介进行联系。因而，高校的德育工作者应善于调动并积极发挥朋辈的传播角色作用，助力高校思想政治教育传播功能的有效发挥。不仅因为朋辈间亲近而自然的交流沟通、相对明确的交流话题、虽有争论但价值趋同的观点看法，都在无形中发挥了价值引领作用；而且，通过媒介融合的方式——如课堂和宿舍交流+网络交流，大学生朋辈的教育传播效应能够通过"互联网+"无限延伸（当然只是理论上的），从而有效拓展了思想政治教育传播的时空范围。

（二）优化高校思想政治教育传播的环境融合机制

任何系统的生存均离不开系统环境的支持，对于高校思想政治教育传播这一子系统而言，其有效运行既依赖于系统内部各要素的有机协调与配合，也离不开校内与校外、现实与虚拟传播环境的积极支持。在教育传播融媒体机制的作用下，不仅融合了系统各要素与系统环境间的联系，也促进了现实社会环境与网络空间环境的有机融合。毫无疑问，以"互联网+"为技术支撑的融媒体传播，就完全能够实现这一目标。比如说，校园智慧课堂平台既可以整合校园所有的传播主体——可以实现辅导员、思政课教师及团学管理人员的同台授课并与学生互动交流，也可以连接社会的教育传播主体——可以通过在线连麦和视频等方式让地方宣传、网信、媒体工作人员乃至学生家长实现与学生的实时、直接交流；既可以播放历史和现实的电影或纪录片让学生在感同身受中接受思想政治教育，还可以通过网络连接博物馆和革命历史纪念馆，甚至以 VR 仿真技术再现党史上的重大事件和历史人物，从而让学生身临其境、沉浸其中，领悟红色文化精髓、接受精神洗礼。因而，要积极采取措施，通过优化高校思想政治教育传播的环境融合机制，扩大学校思想政治教育传播成效，推动思想政治教育传播目标的有效达成。

1. 营建校内校外一体化的传播环境

正常的运行状态下，传播者通过一定的平台和渠道传输教育信息和资讯，传播受众接受教育信息和资讯，并通过相同的平台和渠道反馈信息，从而形成信息传播与接受的闭环。如果教育信息和资讯传输不畅、受众的信息反馈不多或不及时、校内传播平台没有实现有机融合、教育传播的方式和渠道单一等，则表明融媒体机制的运行尚需优化，否则会影响到教育传播效果。虽然教育传播系统机制的功能发挥及效果体现主要是内因——系统机制的各结构要素的有机组合与运行——作用的结果，但是，系统环境作为机制运行的外因，能对系统机制功能的有效发挥、运行目标的有效达成起到重大的支持作用。因而，需要营造思想政治教育传播的校内校外一体化环境，保障教育传播机制的良性运行。

（1）加强学校思想政治教育传播环境建设。

实践证明，良好的教风和优良的学风有助于思想政治教育信息和资讯的传输更加顺畅、学生的信息反馈更加积极和及时。而教师的教风和学生的学风是构成校园文化的重要内容，是校园软环境，亦构成教育传播的校园环境。

教风是指教育机构在教学精神、教学态度和教学方法等方面形成的长期的、稳定的教育教学风气。教师的爱生、进取、奉献及师德，构成教风的基本内容，其中，进取与奉献是敬业的表现，是一种教学态度。思想政治教育是做人的工作，是基于"爱学生"而进行的教育传播活动，德育工作者就应该针对"00后"大学生的成长特点、教育接受和学习习惯，有针对性地开展思想政治教育及传播活动，认真组织课堂教学和课后答疑，科学运用传统及新兴的教学方法和传播媒介，以增强思想政治教育传播的有效性；而教师的敬业精神以及良好的师德风范又可以在实施教育传播的过程中起到示范效应，以自身的言行感染青年学生，通过辅导员及思政课教师的言传身教让大学生在潜移默化中接受教育。优良的学风和良好的教风两者紧密联系，构成优良校风的重要内容。广义上说，高校的校风主要包含教师风范、学习风气、学术文化氛围、大学治理等内容，其中，学习风气即指学风。具体而言，学风是指凝聚在教与学过程中的精神动力、态度作风、方法措施等，通过目标、态度、纪律、方法、兴趣和效果等具体地反映出来。通过思想政治教育传播的融媒体机制，学生能够及时、快捷地接受思想政治教育的教学信息，并通过多种媒介和传播者进行交流，及时反馈教育信息。这一过程表明传播受众具有正确的学习态度、比较浓厚的学习兴趣，这是学习效果得以保证的重要前提——这说明，教育传播的成效是良好的。显然，良好的教风和优良的学风能够发挥这样的功能。

（2）优化思想政治教育传播的社会环境。

思想政治教育传播的社会环境首先指社会的大环境，即国家经济发展、政治稳定、社会和谐、文化繁荣、生态美丽等，经济社会发展及各领域取得的成就传播、反映到学校的思想政治教育传播中，构成思想政治教育传播的总体环境。在此前提下，社会大环境中的"小环境"就构成高校思想政治教育传播系统的外部环境，即学校所在地的经济社会发展情况——经济繁荣、社会稳定、文化发展，特别是市民的文化素质、城市的文化气息、文明城市建设等。它们不仅为学校的思想政治教育传播提供了丰富的资源和素材，更为思想政治教育传播机制提供了重要的外部环境支持。社会环境对思想政治教育传播的支持主要表现在，通过多种渠道和媒介方式宣传学校的学科专业发展、产学研成效、优良校风（包括学风和教风）等。

优化高校思想政治教育传播的社会环境还应包含加强对传播媒体的治理，这是同一问题的另一方面。为此，一要积极推动传统媒体和新兴媒体的融合发展，扩大宣传思想工作的覆盖面和工作成效，赋能区域经济社会发展；二要加强网络空间反马克思主义思潮及负面舆论的治理，营造清朗的网络环境。相对于高校的思想政治教育传播，后者更能够提供教育传播的环境支持。社会经济高质量发展、政治稳定、社会和谐的整体环境，势必有利于高校思想政治教育传播的有效、良性开展；而区域经济发展滞缓导致的社会负面舆情滋生、城市文明创建活动成效不明显、部分市民道德滑坡和诚信缺失等情形，都会不同程度地传播到校园，因而会恶化学校的思想政治教育传播环境。校园和社会虽然存在物理围墙的阻隔，但在信息网络化时代，一根网线打破了空间限制而使校园内外环境联成一体。社会上的负面舆情思潮、人们的道德滑坡和诚信缺失等情形必定会以网络舆情思潮的形式呈现、传播到校园，那么，地方政府加强媒体及媒介治理——如各级网信办开展网络"清朗"行动、抓网络文明建设，就必定能为高校的思想政治教育传播创造良好的校园外部环境。

2. 优化网上线下一体化的传播环境

随着移动互联网的普及化与大众化，"人机"不离几乎成为社会生活中的常态，网络化生存也已成为大学生日常生活的常态。互联网的发展创造出了相对于现实世界更为复杂、更加多变的虚拟思想政治教育传播环境，其中既有主流主导价值观念的宣传教育，也存在各种非马克思主义甚至反马克思主义的舆情思潮、舆论观点等，在拓展了思想政治教育网络传播环境的同时也增加了高校开展思想政治教育传播的工作难度。因而，在加强现实学校思想政治教育传播环境建设的同时，要不断优化网上思想政治教育传播环境，强化网上线下一体化的传播环境建设，优化思想政治教育网上线下传播环境。

（1）融媒体发展推动了学校教育传播的网上线下一体化。

"00后"大学生的成长和学习特点，决定了教育传播的融媒体成为可能。我国于1994年加入国际互联网联盟后，在网络中实现了与世界其他国家的互联互通。随着互联网技术发展及网络的普及，各种新兴媒体相继出现，网络对"00后"学生的成长、学习及生活产生了深远影响，上网已融入他们的日常生活并逐渐改变青年学生的学习习惯。基于此，高校作为教育传播主体必然要加强和改善思想政治教育传播的网络环境，通过构建线上线下一体化的教育传播环境，促进并保障思想政治教育入脑、入心。事实上，网络信息技术的发展推动了全媒体传播格局基本形成。历经二十多年的创新与发展，互联网基础设施建设与技术发展均取得了长足进步，从传统媒体到数字电视再到"三网融合"，并逐渐实现"报、网、端"一体化发展、形成全媒体传播的格局。学者罗鑫认为，"全媒体"是在具备文字、图形、图像、动画、声音和视频等各种媒体表现手段基础之上进行不同媒介形态（纸媒、电视媒体、广播媒体、网络媒体、手机媒体等）之间的融合，产生质变后形成的一种新的传播形态[①]。

---

① 罗鑫. 什么是"全媒体"［J］. 中国记者，2010（3）：82.

全媒体传播模式在高校思想政治教育传播领域的运用，将促使思想政治教育传播渠道与方式、内容与形式更加多元多样，体现出全融媒体发展的特点，全程媒体、全员媒体、全息媒体、全效媒体也逐渐走进高校的教育传播系统。这些变化将为高校实施思想政治教育传播并不断优化线上线下一体化传播环境提供必要条件。

（2）积极拓展思想政治教育传播的网络阵地。

思想政治教育网络传播既是"网络传播"与"思想政治教育"的有机结合，也是"网络思想政治教育"与"传播"的有机融合，既指通过网络媒介和平台把思想政治教育的内容传播到网络空间，也要求在网络空间开展思想政治教育传播，因而，连接两者并促进相互融合的网络媒介就成为依托平台，从意识形态建设的角度则可称之为"阵地"。因而，在当前线上线下一体化传播的环境背景下，高校作为思想政治教育传播主体，不仅要建设好学校的各级马克思主义传播阵地，更要强化马克思主义的网络阵地建设，不断推进马克思主义进网络。而推进马克思主义进网络，既是开展思想政治教育传播的需要，也是开展网络思想政治教育的需要，两者工作目标一致。

在融媒体发展的趋势下，推动马克思主义进网络是高校开展网络思想政治教育的核心任务，也是开展思想政治教育传播的主要任务。其一，德育工作者要通过各类网络媒介主动传播。作为高校思想政治教育传播的主体力量，辅导员和思政课教师要充分利用"空中课堂"、班级微信群、QQ群、个人微博、抖音等方式，及时并随时随地向大学生开展毛泽东思想、邓小平理论、"三个代表"重要思想、科学发展观、习近平新时代中国特色社会主义思想的学习宣传，倡导社会主义核心价值观，通过教育传播引领青年学生成长。其二，德育工作者要通过主流网络媒体持续传播。主流网络媒体一般是指影响力大的官方网站，如新华网、人民网（《人民日报》）、央视网（央视新闻）、光明网（《光明日报》）、中国经济网（《中国经济报》）、中国军网（《解放军报》）、求是网（《求是》杂志）、中国社会科学网、马克思主义研究网（《马克思主义研究》杂志）等，以及各级党委政府的门户网站、各类"红色网站"、一些大型的门户网站（如网易、搜狐、新浪、凤凰网等）也属主流网站，当然要包括高校自主建立、依规管理的各类网站。高校的德育工作者在这些媒体上发表有关马克思主义理论、党史学习教育、"四史"等的学习理解和诠释的文章和评论，发表关于对中国特色社会主义建设伟大成就的理解、宣传等文章或评论，当然成为推进马克思主义进网络、开展网络思想政治教育的重要工作。当前，推进习近平新时代中国特色社会主义思想进网络是推进马克思主义进网络工作的重中之重。并且，广大德育工作者要善用融媒体发展带来的契机，在立足于传统的课堂教学、文字、图片等宣传形式基础之上，综合运用网络媒介的声、像、VR 技术等创新教育传播方式方法，不断提升习近平新时代中国特色社会主义思想在网络空间的"点击率"和"占有率"，着力建设主流意识形态稳固、主旋律高昂、风清气正的思想政治教育传播的网络阵地。

第二节　高校思想政治教育信息多级传播

不同媒介的功能实现集聚共融，形成了利于信息传播的局面。高校的思想政治教育信息传播过程在这种优势不断加深拓展的形式中已然发生了根本性转化。单一的传播路径和平台已经更多发展为复合型的多级传播路径和平台，促进了教育者、受教育者、信息以及载体间的更为丰富多样的传播形态时形成，也实现了思想政治教育信息在教育者与受教育者之间的相互传递、实时反馈。不论是单级传播方式的出现，还是两级传播的演化，或是融媒体视阈下更加突出的多级传播，都对思想政治教育信息的传播产生了重要影响，这也要求我们进一步深入理解当下多级传播的过程，掌握思想政治教育信息多级传播的显著特点。

一、高校思想政治教育信息传播过程的发展脉络

传播媒介的更新发展也带动着传播过程的演变，具体的传播过程所涉及的媒介要素不容忽视，它与思想政治教育过程中对不同传媒载体的运用实际上具有相通性。换句话说，大众传媒载体的类型更新的一小步，是推动思想政治教育的内在传播过程发生变化的一大步，也使高校思想政治教育的信息传播过程历经了单级传播过程、两级传播过程、多级传播过程的整体发展。如今，现代媒介进一步加强融合，一项思想政治教育的传播活动欲想取得最佳的、最行之有效的传播，就必须借助多种传播媒介、使用多种传播方式以及借助不同的模式，因此厘清多级传播过程的发展背景极为重要。

（一）单级传播过程

通常情况下，只有在某种媒介存在之后，人类才有可能从事与其相适应的一些传播活动。顾名思义，作为一类信息传播的主体，教育者依据一定的要求

对教育对象进行思想政治教育的信息传播。教育者作为信息传播者，为了达到铸魂定向、涵德化人的教育目的，通过传统的思想政治理论课课堂，依靠人际传播向作为信息接收者的教育对象传递马克思主义信仰，分享正确的思想观念就是思想政治教育信息的传播，这种单身的语言灌输可称为一种单级传播过程。思想政治教育者通过带有说服目的的传播行为，有目的地对教育对象传播思想政治教育信息。在单级的思想政治教育信息传播过程中，信息来源具有可控性，内容具有较强的理论性与政治性。过去的思想政治教育的信息传播者在信息资源方面占有绝对优势地位，在获得思想政治教育的信息来源及时间上都优于教育对象，具有较高的话语权威性，也存在忽视教育对象需求的情形，甚至否定教育对象的主体作用。

真正有意义与价值的，除了思想政治教育的内容本身，还包括各个时代所使用的传播媒介的性质。在互联网革命还未兴起的媒介发展早期阶段，承载、传递思想政治教育信息的媒体相对较少，高校的信息传播通常是借助校园广播、公告警示栏、校报等载体得以实现。校园广播是最常使用的宣传类媒体，具有实时播放的特点，将学校近期内发生的情况进行播报，对国家政策进行宣传推广，大学生收听者可以直接地接收学校的宣传信息。在公告警示栏张贴国内外时事新闻，在校报上刊登科研成果、优秀文章，使得大学生从中获取有价值的信息，将蕴含思想政治教育性质的信息，以这些形式传递，潜移默化地影响大学生。当然，也要注意到思想政治教育的信息来源仅仅局限于传统媒体，运用传统媒体传递思想政治教育信息的最大缺点在于信息更新周期长，非常影响思想政治教育信息的快速传播，这也意味着思想政治教育的内容传播渠道有限，形式枯燥单一，在社会不断向前发展的当下不能很好满足教育对象对信息时效性的需求。

（二）两级传播过程

当大众传播媒介迅速发展时，整个信息传播过程中出现了越来越多的活跃因子，在此背景下各个领域涌现出不同类型的意见领袖，信息不再简单地被教育者掌控。在两级传播理论基础上，我们将信息传播分为"信息流"和"影响流"两个过程，借此分析思想政治教育信息的传播过程演变。其一，在思想政治教育"信息流"过程中，一些思想政治教育信息会通过教育者直接传递给少数的教育对象，而对于那些不接触媒介信息的教育对象，其信息来源于教育者，或者可以通过大众传播媒介直接获悉，当然这也是大部分教育对象摄取信息的方式。其二，在思想政治教育"影响流"过程中，信息某种程度上并不是全部直达给教育对象，而是先传达到其中一部分人——意见领袖，这就是一级传播；再由这类群体把思想政治教育信息加工、传递及解释给教育对象，并对信息进行评价与引导，这就实现了下一级的传播。在思想政治教育信息的传递和人际互动过程中，少数在思想政治教育领域具有影响力的意见领袖，在影响流过程中扮演着关键角色，即使有些信息直接传达给了教育对象，仍须由意见领袖作出解释与评价。而媒体也对内容的传递承担推动作用，逐渐彰显出特定的思想政治教育功能，助推思想政治教育内容的传递。不可否认，思想政治教育信息在两级传播过程中就有意见领袖的存在，根据信息传播者是直接对不特定多数人还是要通过意见领袖传播、解释信息，可以将思想政治教育信息传播分为直接性的一级传播与间接性的两级传播。出现在大众面前的意见领袖群体以及媒介的发展，使思想政治教育信息传播不再局限于单一的传播类型，而是通过人际、大众传播等多种方式向教育对象施加影响，这也意味着其实现了从单级过程到两级过程的突破，所以说思想政治教育两级传播与单级传播的主要区别在于作为传播枢纽的意见领袖的出现和媒介的协同发展。

（三）多级传播过程

随着网络技术的与日俱进与媒体形式的更新迭代，思想政治教育也逐渐从单一化的信息来源、传播方向及传播主体向多元化、互动化的多级信息传播方式改变。融媒体使思想政治教育载体的运用发生新变化，信息传播环境也呈现出新的特点。同样，在多级传播"信息流"过程中，思想政治教育信息无需意见领袖的参与也可以直接向受教育者"流动"。其中，意见领袖也在媒介发展的进程中被赋予了新的样态，过去仅有存在于现实生活或者存在于传统媒体中的传统意见领袖，伴随着新媒体的兴起，网络意见领袖不断出现。相比单级、两级传播，多级传播的不同首先体现为传播对象的自我意识逐渐加强，个体不再满足被动接收信息，他们对信息的接受程度也成为传播效果的重要影响因素。比起传统的思想政治教育载体，网络新媒体是一种全新的传播媒介，大学生对这一新生事物更易接受，其在信息传播中的优势逐渐凸显。其次，教育对象也不再局限于受众角色，能力强、能引起话题讨论的人都有机会发展成为意见领袖，提高信息的传播效率。对意见领袖的认同转化成对媒体传播的思想政治教育信息的认可，教育对象易于接受并掌握信息，以促进其思想政治素质不断提高。

在融媒体大背景下，大学生倘若对思想政治教育内容的认同程度越高，则更有可能强化教育的效果，达到教育的期望值。增加这种认同感离不开意见领袖的作用。在"影响流"过程中，传统高校课堂与网络环境都是思想政治教育信息传播的重要场域，而这也伴随着传统意见领袖与网络意见领袖共同发挥作用，先把信息传递给普通受教育者，受教育者再将信息进一步传播到此前没接触这类信息的群体，而这类群体又将信息多次扩散，极大地扩大了信息的影响力。不论是传统意见领袖，还是依托互联网而存在的网络意见领袖，都是信息多级传播过程中的重要纽带，都在高校思想政治教育的信息传播过程中具有重要价值。

总之，多级传播过程相较于两级传播过程，不仅是意见领袖自身实现了创造性发展，更是一种功能上的突破，促进了对于信息的解释与评价。虽然在融媒体出现之前多级传播也存在，但是融媒体的发展使信息多级传播的特征更加明显。而思想政治教育传播的内容本质上就是一个内涵足、外延广的理论，只有将这些内容进行多层级的传播，大学生才能在现实活动中真正地掌握所传播内容的内在价值。

二、高校思想政治教育信息多级传播的过程诠释

思想政治教育传播是一个信息流动的动态过程，其中涉及多种要素与关键节点。不同于传统单向性的传播模式，融媒体视阈下思想政治教育信息的传播形式表现出不同特点。在多级传播的"信息流"过程中，融媒体传播平台的作用也逐渐显现。在"影响流"过程中，意见领袖在信息多级传播中扮演着重要角色，有着强大感召力。这一部分人先接触传播媒介，再进行加工传播，朝着一对多的裂变趋势发展。意见领袖的存在不仅加快了信息传播的速度，而且扩大了信息的影响力。

（一）"信息流"过程——融媒体传播平台的搭建与运行

"信息流"主要表现为无需中介参与的直接流动形式。其一，教育者可以作为一种类型的信息发出者，固定且专门地将思想政治教育的有效信息面对面地直接传递给教育对象。其二，凸显了当下融媒体平台的特殊作用，融媒体视阈下信息的多级传播更加明显并着重体现在新旧融媒体融合而成的创新型发展平台中。《第 49 次〈中国互联网络发展状况统计报告〉》表明，我国网民规模截至 2021 年 12 月已达 10.32 亿，互联网普及率达 73.0%，其中 20～29 岁的

网民占比为 17.3%，在所有年龄段中排到第三①。可见，网络俨然已转换成大学生获取信息的快捷方式和聚合空间，吸引着大学生的目光，而且他们也由于自身的特质逐渐成为建设网络精神家园的主力军。所以说，除去面对面的信息交流，教育者如果将所要传播的信息通过各种媒介发布于教育对象所能接触的地方，实现自主获取，教育对象就能够通过不同媒介快速搜索到相关信息。有学者在传播的"编码"过程中提出，传递信息需要选择恰当的媒介。新时代为思想政治教育信息的传播提供了新的传播载体，以融媒体平台为有力抓手，借助具有互动性功能的融媒体交流平台进行信息传播正向效果显著。

与此同时，在各种媒介迅猛发展的基础上，不同主体可以实现信息的及时共享、直接传递，可以对传递的内容添加自己的意见，手指一动简单操作，即可转载，实现信息传播形式上的共享、传递。除此之外，相较于以往传统媒体，融媒体与之最大的区别在于汇集了多种媒体平台，彰显优势。所以说融媒体可以为教育对象提供相对多样化的学习思想政治的途径和内容。教育者也不再受限于简单的理论授课，可借助这一技术方式与教育对象实现创新性交流，将教育的最新精神与内容通过短视频、微动画的表现形式贯穿于课堂中，充分利用更加生动有趣的课程教学载体，激发起学生学习领悟思想政治教育信息内在意蕴的兴趣，也能减少有些教育内容过于枯燥而造成的课堂效率低下等情况的发生。

（二）"影响流"过程——传统意见领袖和网络意见领袖协同发展

意见领袖是时代发展的产物，不论是传统意见领袖，还是网络意见领袖，在多级传播过程中都具备协调和支撑的性质，在这种特性下，思想政治教育信息也可以经过各种意见领袖传递给教育对象。通常意义上，具有威望的专家学者、教师是学生所能接触到的传统意见领袖，传播中国精神、革命精神及传达国家政策的重要内容是高校思想政治工作的重要内容，这些内容传达给这些传统意见领袖就是信息的一级传播。而高校中的传统意见领袖首先起到传达信息的作用，一方面学生可以从传统意见领袖处得到信息，另一方面也可以通过各类载体获取信息，但是基于教育对象自身不能消化和深层次掌握信息，为此信息的解读和阐释就需要作为传统意见领袖的教师来进行，这就是再下一级的信息传播。学生们又将接触到的、受到自我肯定与赞同的信息，或者经过教育者

---

① 中国互联网络信息中心. 第 49 次《中国互联网络发展状况统计报告》［EB/OL］.（2022-02-25）［2024-03-10］. http://www2.cnnic.cn/n4/2022/0401/c88-11311.html.

解读过的信息，内化后又传递给其他学生，以此类推实现多级的传播。在整个高校，教师作为这一区域的意见领袖，在整个社交网络中占据中心位置，具有权威性，加上学生对教育者给予了对信息的筛选、整合以及解读的期望与肯定，在很大程度上提升了教师作为传统意见领袖的影响力。在校园传播载体与校园传统意见领袖作用的发挥下，思想政治教育效果可达到最大化。

新媒体是互联网时代发展的产物，是一种相对于传统媒体新的媒体形态。自始至终媒介跨越的重要推手就是在技术变革的指导下和满足受众需求的基础上完成的，新媒体时代的到来是追寻新技术的结果。在当今高校中，随着QQ、微信、微博等各类信息传播平台贯穿于大学生的学习与生活中，新媒体的应用范围也愈加广泛。在庞大的网民群体中活跃着一支力量强大的小众群体——网络意见领袖。网络意见领袖的形成是动态的、流变的，一种是现实生活中的传统意见领袖把现实中的身份地位带来的影响力自然而然地带到网络中，最终又成为网络意见领袖；另一种是网络的开放性催生出网络意见领袖，与过去成为意见领袖的严苛条件不同，每个人不再局限为受众这一个角色，也可以成为信息传播者，甚至有可能成为网络意见领袖。网络意见领袖是网络拟态环境中的关键节点，是新媒体时代特殊的话语阶层，相较于传统意见领袖，网络意见领袖更能捕捉到广大学生的需求，很容易在各种媒体中直接提供信息或转发信息，通过分享观点意见以影响大学生，是传播的重要一级。此外，他们与作为被影响者的大学生处于平等关系而非上下级关系，善于用平等的互动方式，因此其观点与意见在一定程度上更有说服力，在日常的互动交流中潜移默化地影响大学生的思想与行为。其权威性在信息的传递、交流、反馈中得以实现。

在"影响流"过程中，各类意见领袖的作用更加凸显，将信息进行多级连续的扩散，实现思想政治教育内容的传播方式多级化，从点对面的传播转变为双向甚至多向的互动传播。不管是传统意见领袖还是网络意见领袖，这些意见领袖恰恰处于信息传播路径过程中的关键节点，具有很强的引领和组织作用，能够识别有效信息，制造信息围观。当然，他们还能够深度解读信息，形成权威观点，有效地帮助大学生看清复杂事件的本质。尤其是网络信息庞多而繁杂，网络意见领袖可以迅速识别有效信息，将有效信息以自己的思维方式进行提炼，为下一步传播打基础。

为了促进思想政治教育工作的有序进行，思想政治教育信息传播不能局限于一种传播方式，任何信息传播模式都应该得到重视，因此存在于融媒体视阈下的不仅有单级传播、两级传播，更有多级传播，它们并不是一种迭代、取代关系，而是信息传播过程的进一步升华。意见领袖向大学生进行传播，形成两极传播，但大学生在转载、评论的过程中又会对内容进行再创作，因而形成多级传播。在各类传统与新兴媒体所构建的融媒体信息传授环境中，实现了传统媒体中的传统意见领袖与新媒体中的网络意见领袖共存式发展。当前不仅有现实生活中的传统意见领袖，还有网络拟态环境中的网络意见领袖的存在与发展，这些意见领袖拥有敏锐的发掘信息的能力，以自己的态度和观点对信息加以整合解读，反映大学生的各种诉求。

三、高校思想政治教育信息多级传播过程的鲜明特征

作为具有主观属性的教育内容，思想政治教育信息需要通过载体这种客观形式充分表现出来。思想政治教育所处的融媒体大环境本身就是一个广泛而又复杂的系统，思想政治教育信息传播也是一个复杂有机综合的系统。融媒体的传播优势与技术优势对高校思想政治教育信息传播产生了影响，切实改变了大学生的交往行为与交往方式。从思想政治教育信息传播模式发展的新形势可以看出，信息传播并不是一个单向灌输的过程，而是人与人之间有效互动的双向交流、多级传播的过程，这个过程中开放化的主体、多样化的内容表达、动态更新的传播圈层等特点逐渐突显，彰显各要素在多极传播过程中的重要作用。

（一）思想政治教育信息发布主体开放化

互联网迅猛发展最直接的影响在于人人都可以成为信息的生产者和传播者，并不断重构教育者与教育对象的关系。信息传播方式和渠道日益多元化，让不同群体参与到角色扮演之中，角色不再固定。融媒体技术的发展切实改变了传播主体的地位，在这样的境遇中传播界限被打破，无论是大学生、高校教师，还是其他群体，每个人都可作为信息的发端和传播者，都可以在技术指导下，运用功能不一的媒介传播信息、共享教育内容。在传统媒体的信息传播中，大学生只能被动接收信息，新媒体使大学生占据更多优势和具备更广阔的操作空间。在主体泛化的传播生态中，思想政治教育信息的传播主体不再局限于教育者，还存在着各类意见领袖，诸如知识分享型主体、自媒体以及公众号发布者，而大学生也有可能转变成传播者的角色，所以说大学生既是信息接收者，也可以成为信息的传播者。在这个过程中，思想政治教育信息的发布主体不再单一，而是更加开放和多元，个体之间的关系也发生了转变，从过去信息获取的不对称，到互动与平等交流。

（二）思想政治教育载体运用类型多样化

作为思想交锋和舆论引导的重要阵地，融媒体已成为教育对象获取信息的重要平台。通过新的技术引导，传统媒体逐渐实现了信息传播的方式转型，最终实现了与新兴媒体协调统一发展的理想目标。思想政治教育信息在传统媒体与新媒体的双重作用下，传播速度更为迅速，表现形式更为多样。合理整合新旧媒体实现优势互补，优化教育对象获取信息的途径与方式，畅通信息传播的渠道，更有利于信息多样化的传播。不同技术条件和时代更迭，推动着载体的演化发展。在高校思想政治教育信息系统中，关键步骤就是对媒介恰如其分的使用，这是思想政治教育信息传播的重要组成部分。而高校的思想政治教育传播非常适合选择多元媒介载体。在此基础上，应依据传播条件和学生需要的变化，在具体传播过程中优化信息流动与传播。

融媒体环境下的多级传播与传统的传播理念不同，体现在内容上就是传播迅速、精练零散。具体而言，不论是关于思想政治教育的信息或是其他信息在微博或微信上发布都不再是长篇大论，发表意见和观点都有一定的字数限制，体现在短视频中主要表现为平台对视频制作时长做了具体规定。在这种传播形式中，应对信息不作多余的赘述，简短而精练地表达核心思想。

（三）思想政治教育对象主体地位明显化

思想政治教育信息传播过程中的教育者与教育对象都是独立的个体，随着网络技术和媒体技术的发展，被称为网络原住民的大学生对网络有着特殊的依赖，各种新兴媒介平台成为大学生发表意见的主要阵地。这些平台也是意识形态斗争的主战场，如何更好地引导大学生正向意见的表达也是当前教育面临的新挑战。而在融媒体环境下，大学生能够在融媒体平台充分表达意见，从各类信息中获得知识和文化享受，帮助自身更好地认识外部世界的动向和变化，丰富自己的精神文化世界。从思想政治教育信息传播模式发展的新形势可以看出，传播的最终目的就是实现教育者与教育对象更有意义的互动交流，这种互动交流在一定程度上显示了教育对象的主体地位，教育对象有任何想法都能在融媒体平台上发布信息，传播不再局限于教育者，主体更加多元。人人都可以成为信息传播的一个节点，成为信息生产中的一个要素。思想政治教育者不再是唯一的思想政治教育内容提供者，也不再是思想政治教育的信息单一主体。

（四）意见领袖重塑和构造信息传播圈

思想政治教育信息的传播必然伴随其他信息的传播，这就会产生信息叠加现象。多数时候为尊重不同学生的需求、合乎学生心意，意见领袖会选择从不同角度进行信息解读，抓重点信息，利用各种媒介进行有针对性的传播，而这也为触及此类信息的大学生提供了更多选择，能够使他们更加快捷、深入地了解信息。但它也从侧面反映了一个问题，个体所触及的信息往往都经过有意安排，而这也表明所传播的信息只能有限地再现部分情况。意见领袖如不加以有效引导，使一些虚假负面不良信息混杂其中，就会产生负面思想政治教育效果。

当前，一些网络意见领袖的话语权和传导力越来越大，与大学生之间的关系越来越紧密，塑造着信息传播的圈层，思想政治教育活动的实效性为其所反映和促进，他们的权威性与可信度，都会影响信息的传播过程以及最终的传播效果。同样，意见领袖也对融媒体传播环境的构建起着重要作用。融媒体弱化了过去自上而下、单向的信息传播结构，意见领袖和大学生群体形成了双向传播的关系，在传递信息的同时也收到及时反馈，有助于普通大学生真实的意见表达。

第三节　高校思想政治教育传播的对策

融媒体发展已经成为社会发展的必然趋势，它深度嵌入各行各业，发挥着重要作用。高校思想政治教育在发展过程中必须紧跟时代发展步伐，运用融媒体传播优势促进高校思想政治教育的时代化发展，革新和优化高校思想政治教育媒体传播路径，促进思想政治教育深入人心。

一、树立融媒体发展理念，紧跟融媒体发展步伐

传播理念是运用融媒体发展高校思想政治教育的前提。融媒体是随着网络技术的发展而逐渐产生的一种新型主流媒体，通过理论构想和实践操作，将分属于传统媒体和新媒体的实体媒介进行融合，使其功能、手段、价值得以全面提升，实现单一媒体到多媒体、平面传播到立体传播的转变。融媒体形态的变化是新时代进步的必然结果，融媒体的传播理念对社会各个方面都产生重要影

响。而高校思想政治教育毋庸置疑地受到融媒体的影响，其如何顺应融媒体时代的发展变化，促进高校思想政治教育的媒体传播手段的转变，已经成为高校主流价值深入革新的重要任务。

应树立高校思想政治教育大数据信息传播理念，强化互联网思维。大数据时代的信息处理系统能够对庞大的数据进行存储和分类。融媒体以大数据信息传播作为自己的传播理念之一，影响着社会的各个领域。在融媒体背景下，高校思想政治教育必须树立大数据信息传播的理念，强化互联网思维。融媒体时代，高校思想政治教育工作者必须将大数据发展理念放在首位，大数据能为人们获取新知识、创造新价值提供前提条件。基于这个背景，"慕课"教学成为重要选择。慕课是中译文，意思为大规模的开放式在线课程。它是一种以互联网为传播平台的授课形式，能通过对海量信息资源的整合形成完整的、有趣的、强互动的课堂模式。在这个模式下，高校思想政治教育传播者逐渐转换成教学的"观察和引导者"而非"教育的灌输者"。

二、优化思想政治教育内容，强化思想政治教育内容融合优势

内容是运用融媒体发展高校思想政治教育的基础。当前媒介内容呈现出杂乱无序、无章可循的状态，严重降低了媒介传播的效率，优质内容成为当前媒介生存的核心竞争力。与此同时，高校思想政治教育传播内容逐渐表现出"泛而不精、杂而无序"的特点，使得很多受教育者无从下手、无法辨识。融媒体可整合并革新思想政治教育的资源生产及传递的流程和模式，强化思想政治教育内容的核心竞争力。

（一）运用融媒体新方式，传播思想政治教育核心内容

高校思想政治教育的核心内容以传授理论知识为主，包括爱国主义、集体主义、社会主义教育，以及理想、道德、纪律、法治、国防和民族团结的教育。这是国家教育发展的根基，对国家至关重要。因此，在当前融媒体发展新形势下，应创新使用融媒体强化核心内容传播，为思想政治教育塑造新的发展契机。

其一，加强对高校思想政治核心内容传播媒体的统筹和甄选。资历尚浅的高校思想政治教育工作者授课时，不能实现课本和PPT课件的同步，要么仅选择课本，照本宣科，要么只抓已备的PPT授课，这些都降低了思想政治教育核心内容的传递效果。除此之外，教师使用PPT的水平差异较大，有的

PPT是单调的纯文字，有的PPT则内容丰富、形式多样。所以，高校思想政治教育工作者不仅要运用好传统课本，还应统筹使用信息传播媒体及媒介，引导学生主动学习思想政治核心内容，增加学习正强化效果。

其二，以优化高校思想政治理论课课程内容为抓手，传播思想政治教育优质内容。融媒体背景下，要求高校思想政治教育工作者运用融媒体技术掌握甄选优质内容的手段和方法，把最有价值、最精华的部分以最优途径传递给受众，增强传播效果。

（二）整合融媒体丰富的信息资源，更新高校思想政治教育内容

高校思想政治教育不仅要传播好核心内容，还应该以融媒体丰富的信息资源为基础，促进传播内容的多样化发展。具体做法有：将运用融媒体传播过程中一些积极的、有价值的资源融合到高校思想政治教育的核心内容中去；运用视频的、场景化的表现方式将一些备受大学生喜爱的话题和热点新闻展现在大学生面前，引导大学生提高对热点事件的认知能力及辨别能力。例如，教师在讲某一专题课时，要充分将权威优质内容融合最新网络传播方式展示给受众，并将融媒体平台中存储的具有争议性的网络热点资讯传给学生，学生可以采取喜闻乐见的形式和教师进行交流，传递交流心得，包括现在流行的短视频录制方式，从而让学生融入课堂，融入生活。

三、打造高校思想政治教育"中央厨房"，建设思想政治教育网络平台

技术是运用融媒体传播发展高校思想政治教育的关键。传播业的进步以及其他各行各业的发展无疑都受技术发展的推动，技术一旦发展，社会将出现翻天覆地的变化，它对社会各方面的影响更深入，作用将更直接，范围也更广阔。2015年《人民日报》首推了"中央厨房"的媒体生产平台，开始了媒体融合背景下采编等流程的突破性尝试①，这是技术高速发展下的又一次创造性发展。打造高校思想政治教育的"中央厨房"，将开辟高校思想政治教育的传播发展新路径。

---

① 北京市新闻工作者协会. 中国媒体融合发展报告（2016）[M]. 北京：社会科学文献出版社，2017：22.

（一）打造高校思想政治教育"中央厨房"

首先，在互联网高速发展的时代，高校应加强运用互联网这个平台，融合传统媒体的优势和特点，优化传播的途径和信息内容。重要的是，传统的权威媒体包括中央媒体和地方媒体也应该紧跟时代的步伐，加快转型和升级，打造融媒体"中央厨房"，潜移默化地对高校思想政治教育环境进行影响，加快高校对新兴媒体和传统媒体的深度改革，为高校思想政治教育建立信息传播的有利场域，促进信息双向交流。

其次，"中央厨房"的建设基础是技术，它以先进的信息传播技术为支撑，因此，要打造高校思想政治教育的"中央厨房"，就必须加强对相关技术的开发和认识。高校要运用优越的人才和技术队伍，建立一个信息共享技术平台，它能够有效进行信息的数字式存储，能够"一键式"发稿及审稿。如在宣传新时代党的创新理论、在发布思想政治教育相关活动时要首先将信息输入信息系统，运用人工智能测试或甄别出信息的准确性，并再次存储，进而发布，这种方式不仅能让高校各个主体尤其是学生群体快速、及时、准确地学习相关内容进而内化，而且能够将信息数据化，在遇到类似问题时能运用大数据对信息进行有效甄选并传播，可大大节约时间，节省人力和物力。

最后，"中央厨房"要更强调"中央"的作用。"中央厨房"的流水作业，可能提供一稿或多稿供子媒选用，但集团内各子媒有自身的需求，子媒编辑部可根据自身媒介特点、受众特点，向"中央厨房"提出个性化定制需求，"中央厨房"再组织记者进行采访、编辑。高校和媒体集团所面对的主体人群相比社会大众相对简单，主要为教师和学生，以及相关的行政人员，因此，打造高校"中央厨房"，为学生、教师以及行政人员提供个性化的定制需求，会相对容易得多。例如，对于一条信息内容，学生和教师以及学校行政人员关注的焦点不同，因此，高校"中央厨房"可以利用不同受众的心理特点，向不同的主体提供个性化的信息需求，帮助教育主体和客体获取最佳信息，增强信息传播质效。

（二）开发高校思想政治教育网络化产品

融媒体传播更强调"互联网思维"，应开发新时代互联网产品，增强高校主体学习黏性。

首先，建立思想政治教育专题网站。目前大部分的高校虽然能运用现代化科技传播思想政治教育信息，但重点不突出，形式过于繁杂，因此，必须建立现代化、专业化、优质化和个性化的思想政治教育信息专业教育平台，增强受众对思想政治教育内容的主动内化。

其次，在思想政治教育专业平台建立的基础上，各个高校应鼓励学生自主管理思想政治教育平台。融媒体背景下，高校有责任了解和掌握大学生主体的现实需要，鼓励学生群体掌握新时期媒介融合技术要素。当前大学生群体数量庞大、活跃度强、喜欢新鲜事物，将高校思想政治教育专业平台放手交给学生群体管理和创造，鼓励学生摸索和熟悉当前科技发展规律，搭建思想政治教育专题网站，不仅能创新和拓展思想政治教育的信息资源，也能够增强学生群体对此相关内容的学习、认知、理解和反复内化。

最后，运用融媒体传播理念，创作 H5 系列思想政治教育产品。所谓的H5，实际上指的就是依赖互联网技术而产生的第五代 HTML（超文本标记语言），也可以指用 H5 语言制作的数字产品。H5 兼容 PC 端和移动端的优势，这使信息的传播上升到了新的层面，可有效节省人力和物力，促进信息的高效传播。思想政治教育要融合传统媒体和新型 H5 传播技术的优势，加快对 H5标准规范和 H5 工具的学习和利用。如在宣传学习"两学一做"系列课程、学习党史相关知识、学习思想政治理论课本内容等时，相关人员可甄选优质内容，并运用 H5 相关工具进行信息的重组和创作，以新颖的形式、优质的内容、趣味性的呈现吸引受众主动点击并内化。

四、培养融合型人才，提高思想政治教育传播质效

融合型人才是相对融媒体发展理念而提出的一个概念。在当前媒体环境倒逼高校思想政治教育发展的大环境下，高校思想政治教育工作者必须加强对媒体技能的认识和掌握，加强专业知识内化，把自己培养成融合型人才。高校思想政治教育要求得发展，根本的途径就是培养融合型人才。

（一）打造融合型思想政治人才队伍，更新高校思想政治教育人才血液

首先，高校需培养出一支能熟练掌握和利用思想政治教育相关原理，具有正确价值观，又掌握现代科技知识的高素质的人才队伍。信息传播大师尼葛洛庞帝曾说过："信息社会，最大的鸿沟横亘在两代人之间，当孩子们霸占了全球的信息资源时，需要努力学习、迎头赶上的是成年人，对教育者来说，更是

如此。"① 因此，高校的思想政治教育者有责任学习和掌握新媒体技术，运用融媒体平台，了解受教育者的喜好和生活习惯，对其进行思想政治教育引导。

其次，以个别带动整体，加强思想政治人员对融媒体的运用。当前高校传统的思想政治教育传播方式仍然普遍，因此，必须引进融合型思想政治人才。如，高校在招录人员时，考核招录者的综合素质，可招收既具有专业知识和专业素养，又能熟练掌握信息科技等先进技术的融合型思想政治教师；可招录融合型学生，突显其优势，使其他的学生在潜移默化中受到影响，逐渐树立融合信息传播的意识，为未来融合型人才建设谋篇布局。

传统的思想政治教育的人才偏重于对思想政治教育理论的研究，而融合型思想政治人才不仅具有扎实的理论知识，还更加注重实际操作。高校融合型思想政治人才不仅应注重借鉴传统媒体权威性的特点，还应掌握新兴媒体的传播优势和传播技巧。

（二）建立融合型人才管理机制，规范高校思想政治教育人才管理

融媒体时代，高校思想政治教育人才管理体制也要适配。传统的单一的思想政治教育人才管理机制已不能适应融合型人才的管理要求，必须建立适配的管理体制，实现融媒体背景下高校思想政治教育的全方位进步。

融合型人才建设是融媒体背景下高校思想政治教育传播发展的必要路径之一。而建设融合型思想政治教育人才队伍，既符合国家战略要求，也可完善思想政治教育本身。因此，高校责任主体必须审时度势，加强对融媒体人才的培养，建设融合型素质队伍。

---

① 尼葛洛庞帝. 数字化生存［M］. 胡泳，范海燕，译，海口：海南出版社，1997：71.

第三章　融媒体视阈下的高校
思想政治教育载体

第一节　高校思想政治教育载体概述

一、融媒体视阈下高校思想政治教育载体的含义

在高校思想政治教育实践过程中，各种信息通过一定方式传递、交换或接受，而这些传递和交换信息的方式和过程就是各种形式的载体。高校思想政治教育载体的概念一般沿袭着思想政治教育载体的相关界定，主流观点通常认为，高校思想政治教育载体指依托高等院校背景，在实施思想政治教育活动过程中，能为高校思想政治教育主体运用并借此相互作用的传递信息、传输能量和实现教育目标的物质中介、活动形式。

高校思想政治教育载体的运作，应当满足如下一些基本条件：载体必须符合思想政治教育的目的、任务、原则等具体要求，能够将高校思想政治教育的多元主体与客体相互联结，一般表现为通过某种高校思想政治教育载体以促进高校育人教师这一主体和大学生群体这一客体在思想政治教育过程中的良性互动，促成高校思想政治教育目标达成。

融媒体视阈下，高校思想政治教育载体成为一个完全开放的系统，它是包括融媒体视阈下高校思想政治教育形式、内容、过程的有机统一体，并与教育主客体和技术等因素相互影响、相互建构。在这个系统中，作为融媒体技术主要应用的载体形式，融媒体本身又是一个独立的有机整体，即由信息环境、信息传播方式、信息内容三个要素构成。以融媒体为时代语境和信息环境，载体的形式和运用不断受信息传播方式、信息内容变化影响，高校思想政治教育载体呈现出动态发展的态势，内涵和形式不断丰富。

融媒体时代促进了思想政治教育载体的双线发展，为高校思想政治教育载体更新创造了契机，在开展高校思想政治教育工作过程中合理运用融媒体技术和构建融媒体新载体，将有助于思想政治教育实效性的提升。

课堂载体、管理载体、活动载体、文化载体、大众传媒载体等，是构成高校思想政治教育传统载体的主要类型。融媒体时代赋能这些传统载体去克服自身弊端、发挥自身优势，顺应时代发展潮流，不断注入现代元素和现代媒介技术，不断开发新功能，增添新形式，促进转型升级。高校思想政治教育工作者在开展相关思想政治教育活动时，能利用各种新技术、新设备、新媒体等来实现相关工作。那些直接或间接的新技术手段，可以是软件、硬件、信息传输工具，如出现了各种专用智慧 APP、专用互联网终端、智能手机、智能电脑、计算机网络、物联网、虚拟现实技术、大数据算法、人工智能技术等。

相关融媒体技术既是载体的手段，同时也会自成一些新的载体。融媒体思想引领高校思想政治教育载体创新，催生了一系列新兴思想政治教育智能载体。对现有相关智能载体进行归纳，可包含智能移动设备类、智能媒体类、人工智能机器人类、虚拟数智人类、智能终端类、虚拟场景类、智能平台类等。对于融媒体视阈下高校思想政治教育载体而言，未来载体创新的生产方式和发展模式也将趋向平台化和生态化，融媒体思想政治平台的建设显然将成为高校思想政治教育未来载体创新的主流趋势。

二、融媒体视阈下高校思想政治教育载体的特征

载体是能够承载物质、知识或者信息的物质形体，是能够承载他物并进行运动的事物。思想政治教育载体不仅能够承载一定的教育信息，而且能够在思想政治教育过程中充当沟通教育者和教育对象的桥梁，使双方实现有效的互动。随着融媒体时代的到来，移动媒体、网络媒体等新兴媒体逐渐发展并运用于高校思想政治教育，不仅改变了高校思想政治教育传统的载体形式，并赋予了高校思想政治教育载体新的特征。

（一）载体运行具有系统性

近年来，各类教育平台、学习网站、网络课程等资源在高校得到了广泛应用，高校智慧教室、数字图书馆等也开始建设起来，这些都成为高校思想政治教育重要的网络载体来源。一方面，高校可以利用网络技术建立专业的学习平台，帮助学生学会利用平台上的丰富教学资源进行自主学习，提高学生自我教

育的能力；另一方面，各类新兴媒体技术给教学工作带来了新的发展契机，比如，微课、慕课、翻转课堂等教学方式突破了传统线下教学的时空限制，拥有形式灵活、快捷方便的特点，能够激发学生主动学习的兴趣。因此，融媒体时代高校思想政治教育载体的运行以校园文化、实践活动等传统载体为主渠道，各类新兴载体作为辅助手段，打破传统的载体单一拼凑、简单组合模式，全面分析多元载体的优劣势，同时采用多样的交叉组合模式，形成具有最大功效的新合力载体。

（二）载体资源具有共享性

在融媒体时代，信息技术使得交流互动变得简单易行、快捷有效，这也使得高校思想政治教育的相关信息与内容可以借助信息技术实现共享。例如，可以借助互联网平台录制教学视频，然后通过超星、智慧树等慕课平台进行共享，实现教学资源的跨时空传播。学生可以利用这些共享平台的学习资源，对相关知识进行自主检索学习，这种网络学习打破了传统载体中时间地点的限制，赋予了学生高度的自觉性和自主性。互联网技术融入高校思想政治教育载体中，可以突破传统思维局限，充分调动学生学习的积极性，使不同层次、不同需求的学生可以通过资源共享进行高质量的、有针对性的学习。有学者将互联网思维的核心要义总结为"颠覆性创新、合作中共赢、开放中博弈"。互联网具有开放、共享、创新的特点，利用互联网技术创新高校思想政治教育载体，促进资源进行有机整合，打破了传统的灌输式教育，能够为高校培养自主创新型人才贡献力量。

（三）载体主客体具有平等性

传统高校思想政治教育一般采取自上而下的施教方式，教育者处于发号施令的权威地位，受教育者则处于被动接受地位，教育者与受教育者是一种主动和被动的关系。传统灌输法能够使学生在较短的时间内获得大量的系统性知识，在应试教育中起到了积极作用。但在当今的网络时代，大学生接收信息的渠道增多，各种良莠不齐的信息在一定程度上会影响学生的价值判断，学生会根据自己的理解和需求对教育者传递的教育信息是否接受、接受程度如何作出选择。另外，融媒体时代各类新兴载体的运用，不仅为受教育者提供了一个可以自由沟通反馈的平台，而且这些新兴载体所承载的教育资源具有共享性，大学生只要有一部手机或一台电脑就可以在网络上随时随地与外界沟通，这赋予了受教育者一定的话语表达权，提高了受教育者自主学习的积极性，同时也给思想政治教育工作者带来了不小的压力。互联网思维的一大特点是契合性，在具体教育活动中，如果高校思想政治教育者不能准确地理解和使用网络语言，就可能会导致自己处于失语的被动局面。因此，融媒体时代高校思想政治教育应改变过去传统的单向度传授方法，尊重受教育者的主体性和多样性，积极利用网络新兴载体。教育者如果不及时了解学生的需求和特点，还是以过去单向度的模式实施教育活动，会在一定程度上影响高校思想政治教育的实效性。

第二节　高校思想政治教育载体创新的机遇

高校思想政治教育载体作为中心枢纽连接着教育主客体和信息内容等因素，其形态和运用能否紧跟上智媒时代的要求，势必影响思想政治教育的主客体能否更高质高效获取、传播、接收教育信息。正在扩散其广泛辐射力的智能媒体，成为影响载体形式发展态势、载体信息传播生态、载体主客体因素结构的关键性因素。高校思想政治教育必须对这些关键要素进行再认知，深入把握融合思维、交互思维、主体性思维，将新形势、新情况、新思想转化为高校思想政治教育载体进一步发展的机遇，变挑战的压力为创新的动力。

一、高校思想政治教育载体形式变化及融合思维

媒介传播推动精神交往及互动，精神交往及互动与思想政治教育关注人的精神需求的内在要求具有契合性。媒介以传播其所承载的信息内容发挥对人的发展的干预作用，这与思想政治教育载体通过信息承载和传递来发挥思想政治教育功能不谋而合。由于融媒体时代给媒介传播领域带来了巨大变革，从而也引起思想政治教育载体形态的极大变革。融媒体环境既要求以往的思想政治教育载体充分利用新的媒介工具，又要求以新的媒介构建思想政治教育的新载体。当下，融媒体技术同步应用于传统媒体和新兴媒体的发展中，既创新了高校思想政治教育传统载体的应用方式，又促进了多样态的新兴媒介载体的产生。融媒体时代传统媒体与新兴媒体共存的媒体结构不断更新，传统载体和新兴载体的边界也日益模糊。传统载体的转型和新兴媒体的崛起，为高校思想政治教育载体的创新发展带来新的机遇，载体被要求必须在形态上不断革新发展，以适应融媒体时代的思想政治教育工作。

（一） 传统载体转型升级

传统载体是思想政治教育过程中已被广泛长期使用过的并已经积极发挥了思想政治教育功能的载体形式。不过，融媒体时代暴露了高校思想政治教育传统载体正面临着形式固化、受众分流、互动性弱等现实冲击，这些冲击必然会要求高校思想政治教育载体依托融媒体带来新的手段和新的实现方式进行创新。诸如课堂载体、活动载体、管理载体等高校广泛运用的传统载体，如何利用现代科学技术解读和分析数据化的教育信息，找出利于自身多样化、智能化发展的途径，成为一个不可逆转的局势。在融媒体时代下，课堂载体、活动载体、文化载体、管理载体等传统高校思想政治教育载体在形式和内容方面，不断融入图景、音频、影视以及互动机器人这种智能方式，打破了传统载体的固有形式；建构在传统载体之上的智能互动空间、智能微型平台等也层出不穷。这些做法表明，传统载体开始在适应新媒介技术的道路上进行了一系列有益的实践探索，同时也推动了高校思想政治教育理论界进一步深入研究传统载体如何转型升级的方向与策略等。

传统媒体一直作为重要组成部分居于高校思想政治教育载体体系之中，融媒体时代的到来既冲击了传统媒体的存在态势，也驱动了传统媒体的未来发展趋势。面对新兴融媒体载体，报纸、杂志、广播、电视，甚至两微一端、自媒体等以往的思想政治教育媒介载体在当下思想政治教育体系中逐渐从中心地位淡出，走向边缘角色，冲击了它们在高校思想政治教育体系中的重要地位。辩证地看，融媒体时代中的新媒介技术，一方面创造性地破坏传统媒体的领地；另一方面又为传统媒体的内容生产、表达形式等方面打开了变革的大门，增强了创新的动力。适应媒介技术迅猛发展的趋势，传统媒体通过内容再设计、形式多元化、形态平台化、智能化，使其受众规模和黏性获得大幅提升。

从现有情况来看，大众传媒载体作为载体系统的子要素正在变革升级。为了提升自身在融媒体时代的适应性，传统媒体是在本体形态、内容分发、表达形式、管理运营方面都逐步转型升级。在媒介技术变革的助推过程中，传统媒体开始变道加速，诸如报纸、广播、电视等传统大众传媒载体最先开始探索数字化发展和运营，变革呈现方式和表达内容，呈现形式更加多样和丰富，受众能够通过网络、手机、移动终端等智能设备以及多样化的智能平台获取信息。传统媒体传播的信息内容更具时效性，信息的获取速度和数量都明显增强。技术赋能带来的变革，使得传统媒体能够更好地满足高校思想政治教育活动中对教育时效性的要求。再者，高校思想政治教育传统文化载体的融媒体转型，表现为将图片、视频等形式的高校校园文化内容投放于互联网、短视频等平台，提高校园文化的辐射力。高校思想政治教育管理载体致力于数字化和平台化，全方位联结家、校、社，依托电子设备实现多维和全过程管理。

传统载体逐步智能化和智慧化的发展现状，进一步启示融媒体视阈下高校思想政治教育传统载体迎来多样化、智媒化、融合化创新的必然趋势和新的机遇。传统载体要想充分发挥自身优势、克服自身在教育方面的某些欠缺，就必须顺应融媒体技术逻辑，在融媒体时代转型升级，对传统载体面临的淘汰甚至消亡的冲击做出现实回应。

（二）新兴载体发轫崛起

以融媒体为表征的新兴媒介技术，不仅是高校思想政治教育载体运作的新手段，同时融媒体本身也是高校思想政治教育工作者需要认真建构的一种新的载体。

融媒体为信息传播带来了全新的生产方式，数据智算平台、光场建模系统、虚拟工作室、虚拟演播室等新兴融媒体正活动于各领域各场景。如在新闻生产领域，央视网打造的人工智能机器人——超写实数字人小 C，能够自主完成新闻内容的全过程采集、分发，还能够摇身一变成为主持人参与各种活动。不仅是在传播领域，新兴融媒体、各类智能平台或者说智能化设备还在社会生活各种场景中不断浸润，如借助智能传感、智能语音等技术实现了智慧交通、智慧医疗、智慧办公、智能家居等智慧应用场景。新兴融媒体不断地跨界扩张，同样引发了教育领域的高度重视，融媒体这颗传媒界的新星日益迈进教育领域，有所作为。在人工智能等技术驱动下，"技术+媒介+教育"的格局逐渐形成。

在融媒体时代的召唤下，思想政治教育的智能化毫无疑问被提上了日程并已经被大量运用，思想政治教育载体形态或形式的智能化首当其冲。在载体的物质形式上，融媒体类型的载体大量出现在思想政治教育领域，如表现为智能管理平台、智能终端等的新物质实体。新兴载体逐步在教育活动、教育管理、教育反馈中嵌入各种智能化技术，将思想政治教育内容和工作汇集，为思想政治教育工作进行技术赋能。VR 虚拟空间、AI 机器人、XD 互动设备、交互式的智能程序等这些新兴融媒体载体，由于其身临其境的体验情境空间，在作为沟通思想政治教育主客体的桥梁时，提升了思想政治教育的吸引力和影响力。

新兴载体的出现能够整合社会各领域的内容资源，同时能进一步为高校思想政治教育工作打破以往固定主体、场域、资源的限制。运用智能终端、智能平台于大学生的精神文明建设和网络道德规范教育，已逐渐成为高校大学生思想政治教育的新载体。通过融媒体载体和嵌入手机、电脑等的智能技术，拓宽了思想政治教育的渠道，延伸了思想政治教育的场域，为高校思想政治教育注入了新的技术动能。随着"技术+媒介+教育"的生态版图不断扩张，高校思想政治教育顺应社会总体趋势，把握高校思想政治教育载体发展趋势和机遇，迎风而上，持续发力，未来更多的智算平台、数智人、新一代 AI 技术、视频图片增强、修复技术、智能瑕疵算法检测技术、智能编码技术、多模态人机交互技术等都应纳入高校思想政治教育创新的视野。

（三）载体创新融合思维

随着融媒体时代的到来，高校思想政治教育载体愈来愈多种多样，融媒体技术具备把各种载体联结在一起的能力，以往单独发挥作用的载体能联动而形成合力。传统载体与新兴载体共存的载体结构日益复杂，融媒体时代如何促进传统载体的转型升级和变革、传统载体和新兴载体的如何共存共生、新兴载体如何有效运用于高校思想政治教育工作，是载体创新过程中不可回避的重大课题。一种融合思维的贯彻，成为融媒体视阈下高校思想政治教育载体创新的必然要求。

在"互联网+"时代，报纸、广播等传统媒体或者基于互联网技术衍生的微博、微信等新媒体，其基本形态、关键技术内容表现、组织、互动方式等均基本转向数字化和网络化，这是媒介融合演变的结果，在这个过程中逐渐形成所谓的"全媒体时代"。媒介融合进程并没有就此结束，现今媒介融合发展到一个更高级的阶段——融媒体时代。融媒体时代所触发的"媒介融合"和"媒体+"的跨界融合形式，要求树立媒介发展逻辑的融合思维或者说融合理念。融合思维不仅推动着媒体行业的发展与变革，也为其他社会领域的融合发展提供了方向，跨界融合发展已成为媒介社会大趋势，也为高校思想政治教育载体的创新发展提供了指导性思路。

将融合思维方式应用于载体创新和育人策略中，也就是确立融媒体视阈下高校思想政治教育传统载体和新兴载体的共存发展、协同互动的生存状态，从而优化思想政治教育工作。一方面，既要看到传统载体继续存在的必要性，又要重视新兴载体的优势，认识到传统载体和新兴载体的演进并非激烈的革命式过程，而是逐步融合与共生的连续式过程。传统载体应当创新传播内容、模式，融入各类场景，与各类智能终端链接融合。以融媒体、人工智能设备为代表入局的新兴载体的作用力应不断加强，新兴融媒体载体同思想政治教育工作的融合发展要不断推向纵深，更加注重如何将其有效运用于高校思想政治教育工作体系，从而使得思想政治教育育人工作达到最优化的目的。另一方面，融合式发展首先对高校思想政治教育各类载体的相互整合、融合提出要求。其次，也要求高校思想政治教育载体与思想政治教育目标、内容、资源等各要素之间的融合。高校思想政治教育载体从本质上讲就是承载工具、形式，处在中介地位，不同载体承载着自适应的内容体系和育人方式。面对不同教育客体的思想、行为特点，要求思想政治教育主体能够综合运用不同形态的载体将合适的思想政治教育内容以最为高效的方式、形式输出给受教育者。那么，为了有效推进思想政治教育工作，高校及其教育主体就需要将各类载体的优势功能合理融合，使其与思想政治教育目标、内容等要素有机配合，形成整体效力。总之，在融媒体时代新兴载体的崛起以及传统载体的转型要求高校思想政治教育载体创新必须关注到两者的发展状态及其兼容性，破除界限思维，以融合思维引领载体系统创新发展。

二、高校思想政治教育载体信息传播变化及交互思维

在高校开展思想政治教育工作中，教育信息首先蕴含于载体之中。思想政治教育主体利用载体进行信息传播，在一定意义上，载体就是教育信息传播的工具和途径。融媒体作为当下具有重要影响力的信息传播渠道，深刻改变了现有的信息传播方式，塑造了崭新的信息传播生态。在人工智能、物联网、5G、大数据、云计算、虚拟 VR 等技术驱动下，融媒体时代信息网络笼罩整个社会，成为人类赖以生存和发展的基本资源。处于融媒体时代信息网络中的人与人、人与物、物与物，紧密相连，成为密集信息网络中的一个节点。每个能够进行信息传播的节点都是信息传播媒介和媒体，形成万物皆媒的媒介社会。此种"万物皆媒、媒融万物"为特征的社会，构建了新的信息传播环境，拓宽了信息传播的场域和渠道，丰富了思想政治教育信息资源，成为支撑着高校思想政治教育载体创新的重要社会背景，也向高校思想政治教育载体提出了创新的诉求。高校思想政治教育载体若不能认清融媒体时代信息传播生态的变化，那么在载体传播过程中就可能遭受融媒体时代带来的降维打击。

（一）智能传播方式衍生

信息传播方式和途径影响着思想政治教育内容传递的成效，不同载体具备不同的传播方式，传播方式的选择影响思想政治教育工作成效。呼应媒介技术

革新，融媒体时代智能化信息传播方式衍生。面对一系列新的信息传播方式和特征，高校思想政治教育载体要因时而进，因势而新。

人类社会的信息传播经历了从肢体、语言传播到文字、印刷传播，再到视听、网络传播的大众传媒传播等一系列重要阶段，形成了内向传播、人际传播、组织传播、大众传媒传播等多元化信息传播方式。融媒体技术的裂变式发展，更加深刻变革了信息传播模式，生发全新的信息传播特点，引领人类进入全新的智能传播环境。在融媒体时代，信息有机融合于通用技术和基础设施之中，涌现出计算传播、场景传播等智能传播方式，凸显出信息传播的互动性、动态性、自主性、沉浸体验式等新特征。

计算传播是融媒体时代信息传播的新方式，数据要素和计算能力逐渐成为信息传播的关键资源和力量。计算传播以技术视角切入，关注人类信息传播的可计算和可分析性，数据挖掘和分析更理性，信息和数据传输的密度更大，感知和认知的层次更深，链接和影响的范围更广，计算和融合的速度更快，互动和更新的频率更高，实现了信息精准化传播和个性化传播范式。高校大学生的思想差异较大，高校思想政治教育载体可运用信息计算传播方式，通过有效利用 AI、算法技术，主动检索、收集和储存受众群体的私人信息和数据，关联高校大学生数据库等。将个人的信息嵌入系统，并对相关数据分析，而后将高校思想政治教育内容和实践活动个性供给、动态调整纳入算法范畴。通过算法技术，从海量信息、教学资源中筛选或过滤出大学生兴趣佳、适配度高的思想政治教育信息，并不间断进行动态更新和实时推送，为高校思想教育提供科学性的信息内容传播服务，真正达成思想政治教育信息的智慧生产和分发。

场景传播是融媒体时代的另一种主流信息传播方式，它从用户体验关怀出发，为用户群体带来更为强烈的情景感和代入感，使用户能够在沉浸式体验中较为轻松地获得、接收并内化复杂晦涩的深层次的信息。思想政治教育所想要传递的信息，也可以通过这样的场景传播来实现。过去单调的语言、文字传播方式重点聚焦在内容本身，图片、音频、短视频等信息传播方式则开始关注到传播受众的接受难易程度，增加了一定的趣味性和吸引力，但都缺乏对信息传播各环节所处场景和情境的关注。场景传播方式能够为思想政治教育载体增添新的表现形式，不仅以文字、影音的复合内容形态进行传播，还能利用虚拟场景技术为思想政治教育实践建构虚拟场景，映射和还原历史人物与情境等。同时，虚拟场景中还可以加入一些"微互动"环节，如用户可以选择模拟或表演其中特定角色人物，以协同场景信息传播。这样的全息画面、全觉感知，不仅能给用户带来多维的感官体验，还能激发用户的代入感和情感的共鸣。大学生以"第一视角"真正代入场景之中，其意识能动性得以发挥，思想政治教育内容也为之鲜活。因此，高校思想政治教育载体要努力整合内外部信息传播资源，从受教育者的信息接收需求、个人体验处入手，聚焦于 AR、AI、5G 等沉浸式技术和 HI/HD/XD 互动技术等，实现信息场景化，更立体、鲜活、生动地展现思想政治教育内容，以生动的信息传递方式为教育对象带来充沛的情感体验，最终有效实现思想政治教育的目标。

（二）信息传播内容再构

面对融媒体时代海量信息，高校思想政治教育载体能否高效地承载和传播内容专业真实、形式创新丰富、价值符合主流的思想政治教育信息，是一项高校思想政治教育载体亟须解决的课题，也是各类载体能否有效发挥作用、能否在载体系统中脱颖而出的关键。

从信息的内容构成来看，社会政治集团和政治组织在不同时期会有不同的目标和任务。融媒体时代，虽然思想政治教育工作的根本目标不会变，但也会生发出不同的具体目标和具体要求，如加强数据与意识形态安全工作、主客体媒介素养教育、融媒体运用的道德规范教育等。这不仅产生了新的思想政治教育内容，且持续推动内容进一步发展。现有的载体形式想要满足并落实新的思想政治教育内容的需要，就有变革创新的必要性。

从无限的信息资源和信息资源新特点来看，融媒体传播范式为高校思想政治教育提供更为庞大的信息资源和教育内容供给。传统高校思想政治教育信息内容传播基于固定时间、地点开展，思想政治教育内容只能依托教育者单方面的信息选择和信息输送，信息筛选过程慢，精确度不高。传统载体能够联结主客体的人数有限，信息承载能力和传递能力有限，只能影响前来参与教育过程的部分大学生，传播内容具有主观性、独享性、片面性。融媒体视阈下高校思想政治教育需要在教育思想中融入技术思维，吸纳和分享更为丰富、开放、客观、透明的教育信息资源，以培育大学生正确的"三观"，而大学生显然也需要更多的信息资源促进自身思想建设，因此，高校思想政治教育载体要相适应地创造出多样的信息承载形式。

从内容加工审视，融媒体时代，信息从四面八方源源不断涌入。一方面，信息经过多方传播已经被再加工，后真相时代信息的真伪和优劣，信息的合理性和合法性，是否符合主流意识形态的宣传主张，是否表达了党、国家以及人民的真实意志，等等，这些问题更为突出，成为新时代高校思想政治教育工作必须关注的焦点。高校如何于纷杂的信息中有效审查和监管融媒体的思想政治教育信息内容，如何运用好思想政治教育载体，在开放的信息体系中筛选、呈现对社会主义有用的思想政治教育信息内容，是融媒体视阈下高校思想政治教育载体创新需要持续深入追问的难点。另一方面，融媒体时代关注载体的技术趋向的同时，不能忽视内容的价值引导，载体的作用还体现为挖掘内容的价值性以及为内容赋予正确的思想政治教育价值导向，这也需要载体不断用主流价值观为智能技术赋魂，建设具有正确价值主导的智慧信息载体。

新兴融媒体载体比传统载体具备更强的联结、承载、传递能力，这既能推动思想政治教育工作上一个新的台阶，同时也能促使思想政治教育工作以传递社会正能量的姿态进行资源共享。

三、高校思想政治教育载体主客体因素变化及主体性思维

融媒体视阈下高校思想政治教育主客体的一个重要变化就是，主体和客体的主动性角色都有了很大提升。教育主客体是思想政治教育载体所要联结的思想政治教育要素，只有主客体欣然接受某种载体形态和形式，载体才能有效发挥自身的教育功能，因此，高校思想政治教育载体创新与主客体因素密不可分。融媒体时代引发了高校思想政治教育主客体结构变化及行为变迁，这种变化及行为变迁又反作用于融媒体时代的载体运用。主客体对于现有载体的态度以及认知会影响对载体的选择，当现有载体无法实现主客体预期目标和价值诉求时，必然需要考虑思想政治教育载体的创新。再者，融媒体促成了思想政治教育主客体关系交替重叠，在思想政治教育实践中催生了教育主体客体化和教育客体主体化的现象。如在融媒体中创生的各种虚拟场景中，教育者和受教育者的角色定位呈现出不稳定性，受教育者主体意识和能力增强。

（一）主客体多元需求释放

高校思想政治教育主体为了达到自己的多重思想政治教育目的，希望拥有多样性的更有效载体，这种多元需求在新媒介技术的驱动下，得到了较大的释放。新媒介技术为高校思想政治教育工作提供了多样化的形式与手段，为主体达到思想政治教育目的提供了更为强有力的支撑，满足了主体为实现更多教育目的产生的载体需求。

融媒体时代释放了主体的教育技能提升、方式转变等需求。以往的教育过程中，教育内容传递和信息输出大多数以"单项传递"的灌输方式进行，主体对载体需求较为简单和单一。融媒体时代主体对于载体的需求产生了变化，

因为教育主体已然认识到在融媒体语境下大学生接触知识、技能交流中主体性意识不断增强，主客体的界限有着被逐渐打破的趋势。融媒体时代增强了高校大学生在思想政治教育过程中的主体性，这引起思想政治教育工作者高度重视。大学生的求知欲望更盛，同时大学生开始倾向于主动获取知识和信息，实现了知识获取由被动推送到主动拉取的改变，这就对教育主体提出了更高的认知能力、教育能力要求和载体设计、运用水平提升的要求，他们开始对智能的、智慧的载体产生更大的需求。一方面，新兴融媒载体容纳了丰富的育人资源和育人经验，可以为教育主体提供适用的教育方式和其他教育者优秀的教育经验；另一方面，教育主体也需要更智慧的载体去领导思想政治教育过程，这也对载体提出了新的要求。

技术和载体的嵌合使得融媒体能够实现对用户行为数据的动态捕捉和即时分析，可以实时跟踪用户需求的变化情况和供需双方的互动轨迹，及时研判对象思想嬗变趋势，生产相应的信息内容，实施相应的信息传播策略，实现有效互动，能够提升主体对客体的思维特点、认同机理和认知水平的认识，有针对性地进阶教育方法，满足主体对思想教育过程领导地位的要求。同时融媒体能够对思想政治理论课课堂、活动、管理等工作进行量化和质性分析，思想政治教育主体通过资源数据库获取和学习相关教育专家的教育经验，甚至可以通过人工智能技术客观地去分析教育结果，人机共同提炼教学、活动、管理等思想政治教育工作过程中出现的问题，摆脱传统经验的束缚，帮助教育者精准分析，发现新的教育教学规律，改进教育策略，提升自身教育水平，再通过经过人机交互接口和算法技术反向输送策略，人和载体发挥各自优势，达到人机协作进行思想政治教育的理想状态，为教育者的教育实施活动带来更多灵活性，满足主体多元教育目的及其需求变化。

融媒体视阈下高校思想政治教育载体发生的变化，给予大学生多元化需求的释放，赋予大学生自我实现这种更高层次的需求。大学生有机会根据自身的需求来灵活地选择思想政治教育载体，选择载体传播的教育信息内容，增强教育需求与教育供给的匹配度。

教育客体的多元化个性需求获得弹性释放，表现为资源需求、体验需求、能力需求等。首先，在资源需求方面，融媒体时代社会变革和发展潜移默化影响学生对外界热点政治信息和知识的关注程度，较从前得到提升；融媒体时代算法推荐代替人工编辑，便于大学生群体形成特定的信息内容偏好，学生对思想政治教育内容选取的斜杠化和个性化程度逐步加深，这就要求思想政治教育载体承载大量的教育教学资源、挖掘符合大学生主体个性发展要求的内容来满足学生不断上升的求知欲和信息偏好需求。传统载体承载学习资源的能力显然难以追平与智能化载体的差距，传统载体对信息资源采用直接搬运和全面铺开的形式也不适用于大学生个性化学习需求。反之，融媒体技术为思想政治教育内容的丰富多元提供了呈倍数式增长的资源基础。同时新媒介技术所具备的数据深度分析、个性化投喂、实时跟进反馈的各种优势与大学生多元化学习需求高度契合，有利于化解个体教育资源供需失衡的矛盾，提供优质的学习教育资源，为思想政治教育载体超越传统固定模式作出应变提供技术支撑。其次，体验感方面，随着融媒体技术普及率的不断提升，大学生接触更多信息传播形式，受众学习体验感追求更高。高校思想政治教育教学以教师教学方式为主，而思想政治教学的内容中有着许多抽象的理论和政治性知识，与学生的实际生活距离较远，以传统载体为主的教学方式，在教育过程中，学生往往难以产生深度体验感，甚至会对教学产生一定的厌倦性。最后，能力需求方面，思想政治教育载体智能化，技术驱动学生实现大学生能力素质提升需求不断释放。思想政治教育载体的算法推荐帮助学生更深层次专注于思想政治教育内容，如何更好地提高受众的创新能力、实践能力、终身学习能力等综合能力，这些都要求思想政治教育载体在不断创新中作出时代性回答。

（二）主客体多元价值取向

融媒体时代信息爆炸性增长，信息接收渠道广，信息接受能力随之变强。高校思想政治教育主客体的能动性得以凸显，价值评判标准和价值取向日益呈现多元化趋势。

对于高校思想政治教育主体来说，要做好大学生思想政治教育的引路人、把关人的引领角色，发挥自身的教育价值。融媒体时代下，信息传播模式的变革使得信息流通呈现出高度的自由性和自主性，高校意识形态传播已经从单向封闭传播逐渐转为学生直接面对多元意识形态。这导致社会舆论结构变化及信息空间话语权的转移，对传统价值观宣传模式产生冲击。思想政治教育信息内容的权威性减弱，高校和教师的思想、政治引领的价值地位受到威胁。融媒体时代高校和教育主体在依托融媒体技术创新载体进行思想政治教育工作的背后意图包含着实现载体为我所用，积极发挥高校和教育主体自身价值引领主阵地及主力军地位的价值追求。

就作为客体的高校大学生而言，其正值"拔节孕穗期"，受融媒体时代信息环境影响，他们比过去更容易接收到多元社会思潮和价值观，因个人认知水平、行为经验以及社会经历有限，其政治、道德、思想、行为等方面的价值取向和价值诉求极易受影响或被同化，呈现多元化发展。载体的存在就是帮助教育客体更好地接受教育信息，内化为自身的价值观，以行为外化到社会生活中。而新媒介技术给予高校大学生信息及时获取的能力，传播内容的自主性赋予教育客体更多信息抉择的权利，其价值取向影响信息抉择；反之，信息抉择也会影响他们进行价值判断与价值追求。具体来看，当代大学生的人生目标价值观、道德判断价值观、职业选择价值观、经济利益价值观等价值取向呈现多元化，如"月光一族""虚荣消费""勤俭节约""理性消费"等多元经济利益价值观。其中，一些价值取向不符合社会的主流意识形态，不利于大学生的身心健康发展；一些不同的价值取向会导致群体圈层化、分众化。因此，思想政治教育工作既不能无视客体的个人价值追求，也不能忽视对其进行社会主流价值观的思想建构。为更好引领分众化的教育对象，就需妥善利用新媒介技术，创造出各式各样有针对性和有利于实现预定目标的高校思想政治教育载体，通过载体形式和内容创新，增强主流价值观教育的高效性和有序性，推进高校思想政治教育守正创新、铸魂育人。

（三）载体创新主体性思维

融媒体时代，信息传播中不再有简单绝对的传播者和接受者之分，换而言之，在信息传播之网中，每个个体或者某种组织都成为其中一个节点，既是信息的生产者也是信息的接收者，信息流不再是单向的（即以媒体为载体，从生产者单向传递给接受者）。在以互联网、区块链等为代表的融媒体技术影响下，信息传播是网络状的，或者说所有社会存在者都有机会成为社会主体。这对于青年大学生来说尤其如此，他们有更强的改造信息传播的主体意识。因此，如何构建主体性成为融媒体时代中高校思想政治教育载体创新的必须关注的焦点之一。

主体性是高校思想政治教育载体创新又一需要遵循的原则，高校思想政治教育载体创新的逻辑要从人的主体性出发，关注人的需求和价值。思想政治教育从载体的设计和开发，再到载体的具体应用与普及，最后又回到推陈出新，都是人们为满足自身和社会更高层次的价值需求不断探寻新的方式和手段，或者在新方式手段的创新过程中发现新的目的而循环往复的过程。思想政治教育是关于人的工作，是以解决人的思想问题、关注人的精神需求为途径，使人能够成长为符合社会要求和期望的合格社会成员，最终能够实现人的全面发展、彰显人的价值的教育实践。尽管媒介技术和媒介环境的嬗变正深刻影响思想政治教育领域各方面，但关注与满足人的思想、精神、价值需求等仍是思想政治教育工作的出发点和落脚点。

融媒体进一步促进了思想政治教育主体和客体在需求、价值观等方面的多元化。其中值得关注的是，融媒体驱动下，信息实现了多方面渗透和多渠道传播，在这一过程中，以信息价值接收者为代表的群体能够在实现价值观的再次传递的过程中转变成为信息和价值传播的主体。人工智能机器、传感器等介入令智能媒介自身也成为传播主体，进行信息内容生产与分发。思想政治教育主体、客体和载体都被赋予了主体性，如何审视三者的关系，启示着高校思想政治教育载体创新要遵循主体性思维。

一方面，融媒体视阈下思想政治教育主客体的需求被放大并弹性释放，他们的主体性和能动性愈加凸显。对于主体而言，主体需要破除传统载体拘囿，传统载体联结客体、承载和传递的信息能力有限，形式较为简单，主体只能通过现成的、功能单一的载体被动执行信息传递工作。智能载体给主体提供了更多教育选择、功能综合，赋予主体新的角色职位，主体更大范围发挥能动性，不再是被动的信息执行者，而成为技术资源的积极拥抱者、融媒体空间的内容引领者、大学生成长成才的促进者、载体设计的创新驱动者和载体运用的高效决策者等。对于客体而言，过去，受教育者是等待着教育主体的信息灌输，看到信息后被动了解内容才去接受与认同。在融媒体时代，信息内容分发渠道和方式为客体获取信息和理解信息提供了极大的便利。在这一过程中，客体的能动性更强，教育客体从被动的信息接收者转为信息资源的积极获取者、思想政治教育的主动接纳者、融媒空间的内容建构者等。另一方面，融媒体时代跨域物种、属性的人机交互生态正在形成，生发多元主体结构。智能载体在生产和分发信息中的主导力加强，由此引发人类难以控制与支配的机器伦理与决策判断问题，这是技术暗战过程中亟须解决的难题。辨析人工智能与人的发展态势，人工智能等科学技术不断为一些机器设备赋能，但这类类人化机器设备不应也无法在高校思想政治教育育人活动中取代人。虽然高校思想政治教育创新生产的智能载体，理应结合机器智能技术、人脑的意识慧能、生物智能等，但诸如语音机器等类型的智能载体是否应该像人的大脑一样具备意识慧能、主体能动性，具备人类的情感特质和伦理道德，或者是否可以代替人做出全面的判断决策等，类似问题的思考和平衡点都应该从人的主体性出发。

主体性思维体现人作为主体的核心价值，人的主动性发挥、人的全面自由发展始终是融媒体时代思想政治教育的最高目标。因此，人与技术共同进化的融媒体时代，强调的不是技术创新，而是通过技术驱动载体创新，运用思想政治教育载体加强主客体的能力建设、思维培养、价值引领。高校及相关部门不应仅在技术层面来探究高校思想政治教育载体的智能化和智慧化趋势，还要在更高的人本层面、价值伦理层面关注如何赋予技术以价值伦理导向，关注人类对新的技术伦理和技术文明共识的期待，从而构建技术、人、价值之间深度融合、和谐共生的人文生态。

融媒体时代驱动了高校思想政治教育载体进行创新，也为创新本身注入了活力和动力。为了顺利开展高校思想政治教育载体创新，在把握载体形态、信息传播、主客体因素变化带来机遇的基础上，需要进一步考察载体创新实践可能遇到的阻碍因素以及不利于高校育人工作开展的一些现实困境。

第三节　高校思想政治教育载体创新的路径

一、高校思想政治教育环境育人

人与环境向来是相互联系、相互依存的关系。环境的构建反映了教育者的教育理念和育人构想。思想政治教育本身就是一种塑造，寓育人之道于教育环境建设之中，与受教育者进行思想和灵魂的对话、情感的交流，通过系列的教育活动启迪受教育者的心智，塑造人们的心灵，实现环境育人的功能。

媒体功能的全覆盖，媒体格局的新变化，新媒体载体与传统思想政治教育载体互相竞争，对新时期思想政治教育载体要求更高，迫切需要优化环境育人的策略。思想政治教育载体是在实施思想政治教育的过程中，能够承载和传递思想政治教育的内容或信息，能为思想政治教育的主体所运用，促使思想政治教育主客体之间相互作用的一种活动形式和物质实体。推进各种载体之间的多元互动、资源共享和信息交流，可凝聚成强大的载体合力，构建"大思政"网络思想政治教育实施体系。"大思政"网络思想政治教育实施体系无法离开新媒体的载体合力，理应重新审视和建构适应时代的新媒体观，用正确的新媒体观引导学生，推动全员育人、全程育人、全方位育人的"大思政"成为可能。

（一）坚持用正确的新媒体观引导大学生

新媒体发展是时代的产物，更是历史发展的必然。人们不能左右其进程，却可以寻求思维方式的改变。每一种新技术的推广、普及和运用都会给社会带来新的思维方式和行为方式。新媒体带来的媒介生态的巨大变革，已经并将极大地改变人类的表达、传播、分享、对话、交往等方式。不改变思维，不开阔眼界，不解放思想，就会被这个时代淘汰。大学生作为新媒体的重要受众群体之一、身处时代前沿的弄潮儿，如何才能更好地栖息和生存？关键就在于如何形成正确的新媒体思维方式，用正确的新媒体观指导实践和行动，将新媒体为我所用，创新表达、担当作为，用新知识、新技能占领融媒体时代的新高地。

融媒体时代的到来，尤其是新媒体的迅猛发展，冲击着高校思想政治教育的育人环境，使其越来越由简单变得复杂，由单一走向多元，由封闭走向开放，在迎接时代机遇的同时，也面临着严峻的挑战。

1. 新媒体载体对环境育人的冲击

（1）全媒覆盖改变了融媒体时代的新格局。融媒体时代改变了以往人类靠物质能量拓展活动半径的模式，突破了地缘、政治、文化之间有形和无形的疆界，为人类社会提供了足不出户沟通世界的桥梁和纽带，构成了人们学习、生活、工作的新空间，获取信息的新平台，缩短了个人与社会、个人与世界之间的距离，推动了全球数据流动和信息资源共享。全程媒体、全息媒体、全员媒体、全效媒体开创了融媒体时代发展的新局面。"四全媒体"正突破时空维度，媒体的跨界融合成为趋势，"人人都有麦克风"这个事实已经变得不再陌生。

（2）多元文化削弱了核心价值的主导权。新媒体正以强大的渗透力重塑大学生的思想观念，深刻影响着他们的行为方式。一方面，传统的社交方式逐渐被虚拟空间的人际交往占据，分离、淡化与现实世界及真实人际关系的情感；另一方面，过度依赖虚拟空间的人际交往，可能导致现实人际交往能力退化、扭曲甚至断裂。新媒体的及时性、互动性、共享性、开放性，使高校处于多元文化交织的高频运转状态，海量信息的传递、多元主义的碰撞、异质文化的侵蚀，丰富着教育内容的同时，也削弱了教育者的主导权，校园文化核心价值不断遭受冲击，从核心的把握到价值的整合，整体难度不断增加。

（3）载体竞争加快了环境育人的新步伐。新媒体成为环境育人的重要载体，挑战丰富多样的育人生态环境。新情况、新特点越来越多，迫使思想政治教育载体系统推陈出新，要求更加丰富、主体多元、时间长远、空间广阔。新媒体载体与传统思想政治教育载体互相竞争，对新时期思想政治教育载体要求更高，迫切需要优化环境育人的策略，紧紧抓住意识形态工作的本质内涵，把握思想政治教育的主导权。大学生是接触新媒体最大的群体，作为对新媒体最为追捧的人群之一，大学生受新媒体影响相当巨大。如何正确地对其进行引导和规范，提高大学生对媒介信息的甄别识别能力、思辨质疑能力、深度解读能力和独立思考能力，树立正确的世界观、人生观和价值观，形成健康的新媒体观，就显得尤为重要。

2. 新媒体环境下的思维方式

新媒体新技术的快速发展要求新时代高校思想政治教育工作要有新思维、新途径、新方法。正确地认识新媒体，认识人在新媒体发展过程中的作用，在实践基础上不断丰富和发展新媒体观，有必要重新审视和理解新媒体，与时俱进，深刻认识思考维度和出发点。要以新媒体思维，重新审视高校思想政治教育工作的新环境，以全球思维、信息思维、融合思维和人本思维，推动新时代高校思想政治教育环境育人载体的新变革。

（1）全球思维。全球思维是面向全世界的站位和视野。新媒体打破了传统媒体的话语权威和垄断，每个人都可以是信息的发布者和接收者，突破了时间、空间和地域的限制，可以与全球任何人在任何地方交流，影响着人们的文化意识、社会主张和行为规范。因此，我们不仅要讲好中国故事，也要讲好世界故事，促进不同文明间的对话与互鉴。但西方一些国家极力想要霸占和控制媒介传播的主导力，企图赢得意识形态斗争的主动权，这意味着意识形态领域的斗争将在媒介领域长期存在。牢牢把握意识形态话语的主导权，占领核心价值的高地，势在必行。

（2）信息思维。在意识对信息的消化作用大于意识对信息的抑制作用的条件下，思维的过程状态完全取决于可触信息的信息量和起作用的方向①。可触信息量越大，思维的活跃程度越强，方向相反的信息还可以对思维过程起遏制与中止作用。因此，拥有海量可触信息的新兴媒体，比传统媒体具有更大的吸引力、覆盖范围更广、发散路径更多、传播能力更高效。人们不仅是信息的生产者与传播者，还随时进行信息之间的选择与博弈。如何选择、选择和占有什么样的载体和信息，对于思维的养成就显得十分重要。

（3）融合思维。融合思维是紧扣数字化媒介特征谋划融合发展的理念，时刻拥抱和占有最新的、最即时的、最具影响力的传播渠道和方式，可以增强内容的互动性、体验性和分享性，以更多样更丰富的形式触及更多人，达到理想的传播实效。随着数字传媒技术的快速迭代和各种媒介平台的不断涌现，人

---

① 张怡微. 新媒体时代下高校校园文化建设的机遇、挑战与对策［J］. 新闻研究导刊, 2020, 11（8）: 10.

们可以利用多种方式自由方便地阅读、检索或浏览网络海量数字信息：一是文字、图像、视频、声音信息等，传播形式多样化；二是手机、计算机、数字电视等，通信终端多样化；三是互联网、光纤通信网络等，传播渠道多样化。把握及融合数字新技术对优质融媒内容的传播起着关键作用。

（4）人本思维。新媒体新平台发展能够催生更多的教育资源，能够通过推荐算法更好地做到个性化内容的推送，让学习资源更加精准、学习效率更高。但是，一味地个性化服务、相对精准的内容推送、过于美好的沉浸体验，有可能使得用户的知识结构窄化和思维方式固化，容易让学生在某个领域过于投入，忽略除个性学习之外的通识学习、常识学习、生活学习。因此，新媒体工作必须服务于人的自由而全面的发展，实现一个个自然的、有活力的、有着无限发展可能的生命。新媒体工作要从人出发，以人为本，最终也要回归到人，这既是技术的方向，也是教育的根本。

当代大学生受新媒体影响深重，作为新媒体使用的主体，大学生已经把新媒体作为一种生活方式，用于资讯浏览、人际交往、学习娱乐的一种新工具。如何用全球思维、信息思维、融合思维和人本思维武装头脑，正确地对其进行培养和引导，提高大学生对媒介信息的甄别识别能力、思辨质疑能力、深度解读能力和独立思考能力，树立正确的人生观和价值观，形成健康的媒体观，就显得尤为重要。

（二）融媒体时代的校园文化建设

文化作为人类社会实践中创造的物质财富和精神财富的总和，具有不同的表现形式。校园文化是以校园为空间，以师生员工为主体，以优良校风、教风、学风为核心，以提高思想品德素质为目标，校园物质文化、精神文化和制度文化的总和。校园文化是社会主义先进文化的重要组成部分，是高校思想政治教育重要的环境育人载体，在高校人才培养中发挥着重要作用。校园文化建设是高校内涵式发展和社会时代发展的必然要求，是实现高校环境育人功能的需要，有利于建设和谐文化校园，促进学生的全面发展。融媒体时代为高校校园文化建设发展提供了肥沃的土壤，提供了丰富多样的新的传播媒介，增强了高校校园文化的影响力和感染力，提高了高校校园文化的渗透力，校园文化的内涵得到了前所未有的丰富和发展。新媒体以其独特优势逐渐成为校园文化建设的网络新环境，极大地丰富了校园文化建设的内容，为校园文化建设带来了机遇和挑战。

1. 校园文化建设面临的机遇

（1）新媒体丰富了校园文化的内容。数字化网络通信技术的普及，囊括古今中外的巨量知识与信息被发掘、汇聚和散播，为校园文化建设提供了取之不尽的素材，极大地丰富了高校校园文化的传播内容。利用新媒体载体的传播，大学校园文化的传播方式更加灵活多样，大学学习生活变得更加丰富多彩，校园文化获得了更强的表现力和感染力，对大学生的吸引力更强。总之，新媒体为大学校园文化提供了丰厚的养分，极大地丰富了校园文化的内涵，增强了学生对校园文化的价值认同。

（2）新媒体拓展了校园文化的生存空间。新媒体延伸了高校校园文化的视野，营造了一个向全世界平等开放的信息传播空间，突破了时空的限制，彻底打破了大学校园的地理空间概念。不同高校、不同地区、不同国家的学生，都可以通过网络实现资源共享。即使身处校园之中，也可以十分便捷地与外界沟通、交流，进行思想的交锋与文化的碰撞。与旧媒体时代相比，新媒体更能够实现大学文化的丰富性和多样性发展，校园文化的价值选择更为多元，思想活动的空间更加广阔，为高校校园文化建设提供了蓬勃的朝气。

（3）新媒体促进了大学亚文化的繁荣。在新媒体环境下，由于信息传播的广泛性，校园内各种亚文化都能在广阔的网络空间中找到一席之地，论坛、校园、微博等更成为大学亚文化发表主张、反映诉求的虚拟平台。借助虚拟信息交流平台，大学生自由表达着自己的个人主张、意愿和观点，各种亚文化彼此交融、求同存异。校园文化变得更加活跃，大学生公共事件参与意识更强，学生的个性化需求更容易得到满足，学生更加愿意和善于在各种文化活动中展示自我、表达自我。

2. 校园文化建设遇到的挑战

（1）多元主义带来的文化冲击。文化能彰显学生的活力，给大学生带来新鲜的资讯、丰富的娱乐生活、便捷的人际交往，但是互联网是把双刃剑，在新媒体新技术的双重掩护下，一些别有用心的人和敌对势力开始渗透青年大学生的媒介生活。互联网上的一些信息是被别有用心的人精心制造出来的，这些人使用卑鄙的伎俩，精心包装西方的人权、民主观念，同时对我国取得的成就视而不见，刻意放大我国存在的一些问题，尤其是发展阶段中不可避免的一些现实困难，把西方世界的"美好"和我国的种种"乱象"相对比，混淆视听，误导部分大学生对我国整体发展形势和未来走向产生错误预判，让个别大学生在多元文化中随波逐流，开始享受眼前的快乐，放弃对美好生活的努力奋斗。当前，要使大学生在多元文化主义浪潮中不随波逐流、不迷失自我，一定要清楚地认识到新媒体时代校园文化引导和建设的重要价值和意义，做到兼收并蓄，继承和传播中华优秀文化，促进高校校园文化繁荣发展。

（2）虚拟世界引发的交往危机。网络世界的虚拟性，使现实世界的身份、脸谱和场所模糊化、符号化、平等化，大学生可以在网络的虚拟世界中遨游，找到与自己有共同语言的人，符合当代大学生对信息需求的要求，享受网络时代带来的便利。与此同时，网络空间的虚拟性、网络行为主体身份的虚拟性、网络行为的虚拟性，对人的全面发展也起到了一定的阻拦作用。虚拟世界的交际泛滥与现实世界的人际疏离，使一些自制力比较差的大学生更容易沉溺于网络的虚拟世界中，导致他们渐渐逃离现实世界的人际交往，加剧了对社会的隔离，在现实生活中更加孤独，身心和学业均受到影响。

（3）监管不力造成的功能弱化。文化是一种无形、潜在的力量，它无时无刻不在对人产生润物无声的作用。高校校园文化的教育引导功能就是靠高校校园文化的巨大影响力来完成的。新媒体携带的多样且大量的信息良莠不齐，有的未经审核就随意发布，有的为了流量故意添油加醋，这些信息很多是垃圾，甚至是有毒有害信息，对大学生的认知行为产生了极大的负面影响，给大学核心价值、人际交往、引导功能以及教育方式带来了冲击，削弱了大学校园文化功能，必须加强监督、引导和管理。

3. 校园文化建设提升的策略

（1）树立适应新媒体环境的校园文化观。适应新媒体环境带来的新变化和新挑战，校园文化观也在实践中不断得到丰富和发展。具体说来，融媒体时代的校园文化更加开放、更加包容、更加亲切，也更强调互动。树立适应新媒体环境的校园文化观：一是面向社会、面向未来，立足长远、扩展视野，积极迎接挑战；二是不断创新、与时俱进，主动把握时代脉搏，增强积极应变的能力；三是尊重多元主体，尊重大学生的主体地位，发挥大学生的主体性、创造性和创新性，提升对话交流的质量和水平；四是加强互动、注重研究，关注大学生的兴趣和注意力，避免简单说教与灌输，促进高校校园文化的繁荣发展。

（2）弘扬大学精神文化的核心价值。大学精神是一股强大的精神力量，具有较大的影响力和号召力，并且可以转化为学生发展的强大动力。高校要在科学发展和理性思考的基础上，重塑新媒体时代的大学精神，将大学精神文化渗透到校园文化建设的方方面面，以使其更符合新时代的科学发展观。一方面，充分运用广播、电视、报纸等传统媒体，发挥传统教育模式和核心价值的作用；另一方面，结合大学生的思想状况和对新媒体的偏好，为大学生社会主义核心价值观教育开辟新的空间。注重社会实践的塑造和校园文化的教化，丰富创新大学生社会主义核心价值观教育的方式、手段和途径。

（3）发挥校园文化活动载体的育人作用。通过开展不同形式的校园文化活动，转移大学生对虚拟世界的兴趣，重新理解人际关系，修复现实世界中的人际网络，引导大学生展示才华，服务学生的全面发展。借助新媒体载体的优势，建立新的文化交流与互动平台，与大学生自身发展的现实情况紧密联系，抓住大学生的兴趣和特点，将社会主义核心价值观、中华优秀传统文化、流行文化、百科知识等各种文化有机融合，满足大学生对不同文化知识的需求。选择丰富多彩的内容和各种各样的形式，以流行的形式和丰富的内容吸引大学生，使校园文化理念入心、入脑、入耳，建设融校园文化于一体的大学生思想教育体系。

（4）健全校园新媒体的舆论监管机制。新媒体信息的便利性和开放性非常强，各种校园文化信息层出不穷，相关监管部门无法对信息进行全程审核，导致很多广为传播的信息在校园内难以得到有效的监督管理，大量不良信息不断传播，影响了大学生的价值选择和判断，造成了很大的负面影响。提高新媒体宣传的有效性，及时掌控新媒体信息，要加强对新媒体信息的大数据筛查和引导，对信息进行甄别和过滤，从源头上把控信息质量。大学生是校园文化建设的主体，全面了解大学生的思想动态，有效避免各种错误观念的侵蚀，让大学生在社会主义核心价值观等问题上始终保持坚定立场，打造健康向上的校园精神文化。

总之，高校必须积极转变观念，适应融媒体时代的环境变化，强化文化自觉，利用好新兴的新媒体新技术，促进高校媒体融合发展，促进高校校园文化建设载体不断提档升级。掌握校园文化建设的主导权，把握机遇、迎接挑战，传统文化和流行文化相融合，线下教育和线上教育相结合，显性教育和隐性教育相联系，探索时间、空间等多维路径，积极构建和谐美好的高校校园文化，发挥文化育人的功能。

二、高校思想政治教育课程建设

(一) 融媒体促进思想政治理论课协同育人成效

融媒体时代颠覆了人们的生产方式、生活方式和认知方式,推动着高校思想政治工作思维方式、载体形式、实践模式的转变,为高校思想政治工作协同育人的创新创造了契机。探索思想政治理论课教师与其他课程教师全程、全方位的协同育人,发掘各类课程孕育的思想政治教育资源,构建思想政治理论课与各类课程同向同行的协同育人工作机制,提高思想政治教育工作的科学性与有效性,实现教育教学全程、全员、全方位育人,对于培养社会主义事业的建设者和接班人具有重要的理论意义和实践价值。

1. 协同育人的原则

(1) 系统性:坚持协同育人的工作理念。协同育人是一个系统工程和整体机制,思想政治工作的主体、对象、原则、环境、途径、制度、策略、平台、载体等各个要素是系统有机统一、相辅相成的组成部分。各门课程要基于本门课程的性质和任务,每个要素和环节都是构成系统的关键部分。抓牢课堂教学主渠道,上好思想政治理论课,其他各门课程要"守好渠""种好田",形成协同效应,促进立德树人、教书育人相得益彰,做好知识、技能传授与态度、情感、价值观引领,道德品质、人格素质的统一。推动思政课教育、通识教育、专业教育深度融合,把思想政治理论课课堂显性教育载体与其他课堂隐性教育载体结合起来,构建"大思政"的协同育人格局,提升思想政治工作的价值感召力和育人载体合力。

(2) 方向性:坚持社会主义的根本方向。高校要把立德树人作为安身之本、办学的初心使命,坚持社会主义办学方向,高举中国特色社会主义的伟大旗帜。牢记加强党对高校的领导,加强和改进高校党的建设,是办好中国特色社会主义大学的根本保证。围绕社会主义现代化的伟大建设目标,坚持不懈弘扬社会主义核心价值观,坚持不懈促进高校和谐繁荣稳定,坚持不懈培育优良校风学风,坚持不懈引领大学生的思想认知和价值认同,坚持不懈规范大学生的行为实践,不断引导和加强青年大学生对中国特色社会主义的道路自信、理论自信、制度自信、文化自信。

(3) 人本性:坚持以生为本的立足点。高等教育的价值旨归在"人",在于调动每个人的积极性，开发每个人的潜能，促进人的全面和自由发展。以生为本是一切教育行动的出发点和落脚点。高校推进思想政治理论课课程改革创新，要尊重大学生的主体地位，为了一切学生，一切为了学生，为了学生一切。从学生个性差异出发，使思想政治工作始终贴近实际、贴近学生、贴近人心。着眼于大学生的实际需求，解决学生的实际困难，为学生的各项成长助力，为学生的全面发展赋能。彰显有情感温度的思想政治教育，情感育人、情感化人、情感成人，不断提高学生思想水平、政治觉悟、道德品质和文化素养。

（4）科学性：坚持人才培养的科学规律。遵循思想政治工作规律，遵循教书育人规律，遵循学生成长规律，用科学性、真理性的理论为思想政治工作提供指导。把握好"师""生"这两个教育主体，把握好"课堂"这个载体。让大学生在改革开放的伟大实践中接受德育思想，不断提高德育科学化水平。遵循教书育人规律，把提高教师思想政治素质和职业道德水平摆在首要位置。遵循学生成长规律，提升思想政治工作的亲和力和针对性。善于从课程的实际情况出发，因事而化、因时而进、因势而新，运用新媒体新技术提升工作实效，推动思想政治工作传统优势同信息技术高度融合，增强时代感和吸引力。

2. 协同育人的建设

（1）发挥思想政治理论课主渠道作用。作为大学生思想政治教育的主渠道，要在"课程思政"中发挥主导作用。一是加强高校思想政治理论课教学的理论与实践研究，及时深化推进习近平总书记重要讲话精神进教材、进课堂、进学生头脑，提高学生对中国特色社会主义事业的理论认同、政治认同、情感认同，引导学生真学、真信、真懂、真用；二是解决好"谁来教""教什么""如何教""如何考"等问题，让思想政治理论课"有意思""有韵味""有温度"，做到入眼、入耳、入脑、入心，让学生听得懂、喜欢听，不断增强"主渠道"课堂的理论魅力；三是提升思政课教师的积极性、主动性和创造性，不断改进教学方式方法，推进科研创新，为高校思想政治理论课课堂注入新的生命力与活力。

（2）建立协同育人工作理念。整合多方育人资源，发挥各方育人力量。在高校思想政治理论课教学中，显性教育与隐性教育应该相互依存、相互补充，共同构成思想政治理论课教学的完整体系。思想政治理论课课理堂显性教育在思想政治理论课中发挥着主导作用，承担着对大学生进行系统的马克思主义理论教育的主要任务，与其他课堂隐性教育相得益彰、互为补充。建立思想政治理论课课堂显性教育与其他课堂隐性教育协同育人机制：一是坚持立德树人，把培育和践行社会主义核心价值观融入教书育人全过程，将学科资源、学术资源转化为育人资源，实现知识传授、价值引领和能力培养的有机统一，推进社会主义核心价值观进教材、进课堂、进头脑；二是充分发挥思想政治理论课在价值引领中的核心地位，理直气壮地讲好中国故事、讲中国好故事，激励学生自觉把个人的理想追求融入国家和民族的事业中，勇做走在时代前列的奋进者、开拓者；三是充分挖掘专业课育人功能，发掘专业课与思想政治理论课的切合点和闪光点，通过专业课有效嫁接思想政治教育，强化对学生的品格教育和人格的历练提升；四是使各类通识课程与思想政治理论课同向同行，注重对学生传统文化精神与人文素质的培养，在通识课程中融入思想政治元素，挖掘和充实通识课程的思想政治教育资源。

（3）打造协同育人工作主体。思想政治理论课课程与其他课程融合，实现协同育人的目标，关键在教师。多元主体共同参与，改变了思想政治理论课、通识课程和专业课程之间各自为政的情况。促进高校课程体系"同向同行、协同育人"：一是强化高校教师的政治意识，使每位教师"守好一段渠、种好责任田"，所有高校、所有教师、所有课程都承担好德育责任；二是强化高校教师的协同意识，思政课教师与其他课教师联动融合，挖掘通识课程与专业课程中的思想政治元素，不断拓展思想政治教育的新空间、新载体；三是强化高校教师的大局意识，把思想价值引领贯穿教育教学全过程和各环节，形成教书育人、科研育人、实践育人、管理育人、服务育人、环境育人、媒体育人等长效机制，实现全员育人、全程育人、全方位育人，提升高校思想政治工作的合力。

总之，坚持协同育人的工作理念，发挥思想政治理论课主渠道作用，整合多方育人资源，发挥各方育人力量，促进多元主体共同参与，打造协同育人工作主体，推动各类课程与思想政治理论课同向同行，形成协同效应。

（二）从"思政课程"到"课程思政"的融媒体作为

从"思政课程"到"课程思政"，从谋篇布局到下棋落子，预示着高校思想政治教育正从"小思政"走向"大思政"的全新格局。融媒体时代，如何实现从"思政课程"到"课程思政"的转化、如何使"思政课程"和"课程思政"有机融合、如何体现从"思政课程"到"课程思政"的融媒体作为，成为高校思想政治教育工作的一项重要课题。

1. 从"思政课程"到"课程思政"的理念转化

（1）发挥课堂主阵地的协同育人功能。课堂是学生成长的主渠道、教师育人的主阵地。高校要充分发挥课堂育人的主渠道作用，努力实现从"思政课程"到"课程思政"的转化。无论是思想政治理论课，还是包括专业课、通识课在内的各类课程，同属于高校教育教学过程的课程体系，都是课程体系的重要组成部分，既相互区别，又相互联系、互为补充。前者是关于思想政治教育、道德素质教育方面的教育，落实立德树人根本任务的关键课程；后者是专业技术知识方面的教学与实践，课程的内容和重点不同，但是最终目标都是相同的，即培养具有较高政治素质和较强专业能力的社会主义建设人才。思想政治工作不仅是思想政治理论课的任务，其他各类课程也身兼这一重任。思想政治理论课与各类课程同向同行、相互兼顾，才能真正实现培养德才兼备的社会主义建设人才这一目标。

（2）实现显性教育与隐性教育相融通。"思政课程"与"课程思政"的核心内涵都是立德树人，两者都是高校思想政治工作的重要内容，其目标是相通的，都是有目的、有计划地使受教育者形成符合一定社会所要求的思想品德的社会实践活动，但侧重点又有所不同。"思政课程"是思想政治教育的显性灌输，而"课程思政"则是思想政治教育的隐性渗透，两者呈现的方式不同。"课程思政"强调将思想政治教育通过渗透等方式进行开展，把做人做事的道理、社会主义核心价值观的要求、实现民族复兴的理想和责任融入"课程思政"中的课程，以实现立德树人的根本任务，突破了以前只教书不育人的藩篱。如何将大学思想政治理论课课程转变为大学课程的思想政治教育，实现思想政治理论课课堂显性教育与其他课堂隐性教育的协同育人，打造思政课教师与其他任课教师全员、全程、全方位的协同育人共同体，是一种任重道远的转化。

（3）充分挖掘各类课程的育人资源。高校各类课程中都包含着丰富的德育资源，专业课中的很多概念和理论都蕴含着深刻的人生哲理，这些人生哲理能让学生加深对抽象理论知识的理解，同时也能让学生对自己的人生多一些思考。在"课程思政"的改革中，要善于发掘高校各类课程的育人资源，立足学科优势深入挖掘各类课程蕴含的思想政治资源，以及与之相关的思想政治教育元素。但"挖掘什么资源""如何挖掘资源""如何激发资源的思想政治教育效力"，如何更好地发挥各类课程的育人功能，还需要在实践中不断丰富和发展。

从"思政课程"到"课程思政"的转化，是高校立德树人的根本要求，是思想政治工作实践发展的历史必然，实现各门课程都有育人责任、各门课程都承担德育的功能，实现"思政课程"与"课程思政"同向同行、协同育人，推进全员育人、全程育人、全方位育人的"大思政"格局。

2. 从"思政课程"到"课程思政"的融媒困境

（1）融媒的工具理性与思想政治价值理性之间的矛盾。从融媒的工具理性方面来看，无论是传统媒体，还是以微博、微信为代表的新兴媒体，都遵循工具理性的逻辑，价值取向是多元的，唯一的目标就是提升用户体验，增加用户黏性，实现利润的最大化。而无论是"思政课程"还是"课程思政"，都应遵循价值理性的逻辑，强调的是价值引领而不是迎合学生，这个鸿沟需要从工具理性到价值理性的架构。

（2）人对融媒的依赖与人和人之间依赖的矛盾。从融媒体时代的交往理性方面来看，人对媒体的依赖取代了人与人之间的依赖。虽然教学媒体在物理空间上拉近了人与人之间的距离，但缺乏情感的人机沟通与交流，使人与人之间的心理距离越来越远。线上教育的弊端，还需要线下教育加以弥补。不能用线上课堂取代传统第一课堂，也不能把课程所授的内容简单迁移至融媒体。

（3）学生对价值引导的向往与媒介素养供给侧之间的矛盾。从融媒体时代供给侧方面来看，从"思政课程"到"课程思政"的教学形式、教学内容，媒介信息的数量、质量，教学主体的媒介素养，以及对新媒体的认知和运用熟练程度，都远低于学生的需求，滞后于学生对网络思想政治价值引领的期待，需要加强教师的媒介素养、媒体使用能力培训等。

3. 从"思政课程"到"课程思政"的路径探讨

（1）寻求思想政治育人与融媒技术的平衡点。教育技术的价值并不存在于"教育"与"技术"之中，而在于"教育"与"技术"的深度融合。融媒技术的工具价值，仅仅是人实现自我的阶梯或途径，对外在束缚的超越以及个体精神自由的实现，才是人运用融媒技术的终极诉求。"以人为本"是由思想政治育人的本质所决定的，是教育与技术融合的必然追求。遵循教育发展的规律性，正确处理好教育与技术之间的关系，既要充分运用好融媒技术的工具价值，又要走出工具理性的偏执束缚，做到"是"与"应当"的统一，"怎样做"与"应当做"的统一，"真"的法则、"利"的法则与"善"的法则的统一，使教育与技术达到深度融合，注重由浅入深，由知到行，由知识掌握到情感、态度、价值观的培育，实现教育技术工具理性与价值理性的平衡。

（2）寻求课程育人与媒体融合的契合点。媒体融合为"思政课程"与"课程思政"提供了生成的肥沃土壤。媒体融合在本质上是对传统媒体和新兴媒体的扬弃，而非替代关系。在媒体融合环境下，传统媒体在保留其权威性与准确性的同时，也具有了新媒体非线性的特点，从单向通知式的信息传播转变为更加注重与受教育者之间的互动式传播，有利于传统媒体在接地气的方向上不断优化升级。要利用好课堂育人这个主渠道，寻求将媒体融合应用于大学生思想政治教育的契合点。融媒体时代，单纯采用线下教学的育人模式已经远远不能满足时代要求和学生发展的需求。从"思政课程"到"课程思政"，都要紧紧抓住融媒思维，借助传统媒体和新兴媒体的优势互补，提高传统媒体和新兴媒体的育人功效。利用新媒体载体平台充分融合教育资源，将思想价值通过融媒思维传播与展现，合理搭建线上线下互动平台，促进传统媒体与新兴媒体融合，促进线上教育与线下教育融合。

（3）寻求教学内容与教学方法的生长点。融媒体时代对思想政治育人提出了更高的要求，只有不断丰富教学内容，改进和创新教学方法，用喜闻乐见的方法和手段牢牢抓住学生，才能不断提升思想政治育人的成效，展现"思政课程"与"课程思政"的魅力。一是加强思想政治理论课课程的改革创新，使之符合新时期思想政治理论课"配方"先进、"工艺"精湛、"包装"时尚的基本要求，提高学生的到课率、抬头率和点头率，使思想政治理论课成为学生真心喜爱、终身受益、毕生难忘的优秀课程；二是挖掘专业知识与思想政治教育的结合点，将思想政治理论、社会热点、鲜活案例与专业教学内容有机结合，把高大上的理论和接地气的现实结合起来，把社会热点、学科前沿、最新鲜的知识和案例带进课堂，牢牢抓住学生的眼球，保证课程思想政治常讲常新、常抓常新；三是不断探索新颖独特的教学方法，例如项目驱动法、案例教学法、创新实践法，增加实践教学的内容与环节，为学生打造更多层次的实践平台；四是积极利用 AR、VR 等新媒体新技术的生长点，增强学生的现场互动体验，提高教学内容的表现力，调动学生的参与积极性，提升课堂教学的吸引力和感染力。

（4）寻求教育主客体媒介素养的交界点。融媒体时代，单纯的人媒互动过渡到了人、媒介和社会的互动，教育主客体之间的关系和地位发生了深刻变化。借助新媒体，教育主客体可以进行自由平等双向的交流互动，双方处于较为平等的地位，共建共享新媒体教育资源。构建和谐的高校媒介生态系统：一是推动媒介素养教育与思想政治教育教学活动全面融合，加强教师的媒介素养培训，提高教师的媒介素养教育水平；二是科学建构媒介素养教育体系，根据不同年龄段学生的特点，设置合理的媒介素养教育目标，丰富媒介素养教育形式，借助新媒体正确引导学生的思想观念、政治观点、心理意识及价值选择；三是提升教师使用新媒体的能力，熟练掌握校园网、手机新媒体、微媒体等相关技术，能够结合学生思维特点、性格特征及思想政治教育内容等因素，机动灵活地选取新媒体工具及平台开展思想政治教育；四是充分利用新媒体技术优势，将媒介素养教育向第二课堂渗透，积极策划和开展趣味性、参与性较高的校园文化活动，通过线上与线下的配合，增强活动载体的温度和黏性，努力营造良好的校园新媒体教育环境。

（三）融媒体时代的课堂教学变革

融媒体时代，高校思想政治教育面临的环境发生了前所未有的变化。知识灌输和社会舆论的制约力量逐渐失去了原有的优势，教育主体的权威地位日益弱化，思想政治教育的手段变得日益多元，微课、慕课、翻转课堂、雨课堂、混合式教学等课堂教学模式应运而生，在对传统教学模式造成冲击和挑战的同时，也给大学教育改革带来了新的发展契机。如何将课堂教学的内容与学生的兴趣结合起来，调动学生的学习积极性，如何将课堂教学从以教为重点转向以学为重点，提升高校思想政治育人的课堂教学效果，已成为高校思想政治改革创新实践必须面对和解决的问题。

1. 融媒体时代催生新的课堂教学

（1）微课。微课是以教学视频作为载体和依托而实现教学目标的一种教学方法，是综合运用摄录、信息、软件、图像编辑等技术，将教学内容碎片化、微型化、结构化、体系化的视频课堂。教学视频是微课的核心内容。微课是对内容的提炼，是对某一知识点或教学中某一环节的集中体现和反映，在有限的时间内针对一个知识点进行详细讲解，具有短小、精湛的特点，从而有效提高学生的学习效率。微课是教与学的有机结合，也是对多种教学资源的有机结合利用。微课视频的播放模式有单播和互动两种。在互动模式下，教师要增强与学生的互动，随时解答学生的疑问，在互动与交流的过程中引导学生积极进行思考。目前，微课教学中大多应用互动模式。

（2）慕课。慕课，即大规模在线开放课程，体现了现代信息技术与教育的深度融合，是新时代教育教学改革的有效途径之一。微视频平台是保证慕课教学得以实施的必要条件，是开展慕课教学的必要硬件基础。借助融媒体平台，慕课通过高质量的短视频教学，将传统的课堂教学转移到虚拟的网络空间，适应不同思想层次学生成长的需求，具有传统课堂教学所不具备的开放、大规模、在线等优势，极大地拓宽了传统教学内容的疆域。适应高校教学改革创新的时代要求，慕课越来越多地被引入"思政课程"和"课程思政"改革的阵地，既发挥教师在教育教学中的主导作用，又满足学生对个性化、自主性学习的渴求。然而，视频制作内容的更新和制作效果是否精良，学生上课是否用心、专注，慕课是否流于同质化和形式化等，都影响着教学改革创新的效果。基于慕课的线上线下混合式教学是建设"金课"的重要手段。

（3）翻转课堂。翻转课堂，又叫颠倒课堂，是将学习的决定权从教师转移到学生，课堂教学的主客体借助新的媒体形态进行翻转。课前，学生利用微课或慕课进行初步学习，对教学过程中的知识重点和难点形成初步认识及理解。学生可以通过观看视频、听播客、阅读电子书、查阅资料等方式完成自主学习，学习方式更加灵活、主动，学生的参与度更高。教师可以鼓励学生从教育的客体转化为主体，独立思考，自己提出对策。翻转课堂与慕课、微课并不是割裂的，三者之间有着密不可分的联系。教师应结合教学要求以及教学的实际情况，合理应用微课、慕课和翻转课堂，激发学生的思维逻辑，引导学生独立思考，使其在思考过程中探索更深层次的知识领域，这对拓宽学生的思维视野，提高其思维逻辑能力，优化教学效果，具有积极的推动作用。

（4）雨课堂。雨课堂是一款智慧教学工具，由学堂在线与清华大学在线教育办公室共同研发。雨课堂借助 PowerPoint 和微信，将智能手机应用于传统的课堂教学中，使线上网络学习和线下课堂教学紧密融合。雨课堂涵盖了课前、课上、课后每一个环节，课前课后的线上与课上的线下贯穿全程，为师生提供了全新的交互体验。教师可以通过雨课堂，将学习资源或习题推送到学生的手机终端，可以开启弹幕、投稿、随机点名、发放课堂红包，支持附件作答、拍照上传、语音回复等功能，具有操作便捷、功能多样、互动即时、评价多样等优势和特点。课程学习的主体是学生，教师是课程学习的设计者及学习过程的引导者。因此，雨课堂对教师的教学设计提出了更高的要求，只有充分了解学生的喜好和特点，以学生更容易接受的方式来传授知识，才能不断提升雨课堂的教学效果。

（5）混合式教学。在线教育资源与信息技术革命促进了课堂教学的改革创新。混合式教学是将在线教学和传统教学的优势结合起来的一种"线上+线下"的教学方式，不是单纯的各种学习要素的叠加，而是要充分发挥线上和线下两种教学的优势。混合式教学通过选择适当的时间、采用适当的媒体技术、提供与适当的学习环境相契合的资源和活动，让适当的学生形成适当的能力，从而取得最优化教学效果的教学方式。混合式教学是对传统教学模式的一种扬弃，避免了传统教学中教师灌输为主，学生学习参与度不高、互动性不强，学习效果较低等问题，弥补了慕课教学存在的零散化、缺乏系统性和表面化的不足。通过教学优势的有机结合，实现线上线下教学内容和流程的无缝对接和融合，做到真正以学生为中心。在现代信息技术与教育教学创新求变的今天，混合式教学越来越受到高校的青睐，推动高等教育的内涵式发展。

2. 探索智慧课堂混合式教学

随着融媒体时代的发展，智慧校园环境得以建设、智慧教学平台得以开发、智慧教学工具得以应用，为智慧课堂混合式教学的开展带来了契机。现代信息技术与教育教学深度融合，推进教育理念、教学内容和教育教学模式与方法的深刻变革，推进高校思想政治教育的课堂革命。在慕课、雨课堂、混合式教学等教学模式的基础上，不断创新适应融媒体时代需求的新的教学模式，积极探索智慧课堂混合式教学模式。善于运用现代信息技术提升智慧课堂，促进高校思想政治理论课的教学改革，提升课堂教学的灵活性、科学性、有效性。科学地理解课堂、灵活地组织课堂、生动地激活课堂、熟练地运用课堂，让课堂真正活起来。

（1）大力建设线上课程资源。加大投入努力建设线上课程资源，为智慧课堂混合式教学提供资源保障。线上课程资源主要包括微课群、课件库、学习任务库、拓展资源库、习题库、案例库等。为学生课前线上学习新知识提供学习资源，汇总课上驱动知识内化的学习活动，明确课上知识内化的任务要求，为课后知识巩固、拓展和迁移提供资源支持。一是梳理内容模块、重点难点，建立各门课程的微课群；二是制作各教学内容模块的教学课件，整合形成课件资源库；三是以学习情境设计为基础，制定学案，形成学生学习任务库；四是收集整理各教学内容板块的练习库；五是依据课程内容模块最新案例建成教学案例库；六是课程资源建设完毕，将其上传至智慧教学平台及移动手机端，达到优质资源全覆盖，为混合式教学的开展做好充分准备。

（2）及时升级智慧教学环境。建立与混合式教学相匹配的智慧教学环境，为智慧课堂混合式教学提供环境保障。一是提供"全时段、全覆盖、全类型"的校园互联网，以满足学生随时随地、个性化的学习需求；二是打造集即时反馈系统、实时录播系统等于一体的智慧教室，以适应互动式、智能化、开放型、多样性的课堂需求；三是充分利用传感技术、人工智能技术、网络技术、富媒体技术，创设网络化、数字化、智能化、个性化学习环境，实现线上线下一体化、课内课外一体化、虚拟现实一体化的全场景教学智能应用；四是创设学生自主使用智能设备的智慧课堂环境，加强引导和疏通，真正实现干预式教学。

（3）加快培养智慧教学师资。加快智慧教学师资能力和素养提升，为智慧课堂混合式教学提供师资保障。一是培养教师除具备扎实的学科知识和教学法知识外，还要具备一定的信息技术能力，整合技术、内容和教学法应用于混合式教学的能力，线上与线下教学之间自由切换的能力；二是组织一周一优课、优质课、公开课、互联网名师课、青年教师基本功比赛等评选活动，组织实施常态化教学教研活动；三是加强教师智慧课堂基础应用培训、智慧教育创新应用培训、骨干教师教研培训等，培养教研团队信息化指导能力、教师信息技术应用能力，促进课堂学习模式创新和效能提升。

（4）合理重构智慧教学环节。加快全程育人步伐，完善课前、课上和课后三个阶段的教学设计，为智慧课堂混合式教学提供教学保障。一是课前，教师利用智慧教学平台布置学习任务，让学生可以有目的、带任务地进行体验式学习，通过知识点的检测，了解学生对基本概念的掌握情况，通过大数据分析技术，快速实时地了解学生的预习情况并作出适当调整；二是课上，学生进行小组"自主—探究—合作"学习，教师对学习进行点拨提升、情境分析、答疑解惑，提升翻转课堂实效；三是课后，学生通过智慧课堂平台交流，在线完成团队项目作业，教师也可以通过平台导出的大数据精准分析教学效果，为下一步的优化教学设计提供参考，根据学生的反馈信息对教学内容进行灵活调整并保持整体平衡，释放教师更高的教学能量、激发学生更强的学习热情。

（5）不断改进考核评价机制。建立更加科学、高效、多元的教学评价系统，为智慧课堂混合式教学提供制度保障：一是采取开放式多元考核方式，增加过程性考核、实践性考核的比例和次数，根据学生课上课下参与情况、任务完成度、作业完成情况、平台活跃度等进行综合评价；二是增加"项目体验式"学生学习小组互打分数，丰富考核内容，调动学生的课堂积极性；三是专家评教、教师评教、学生评教相结合，评教数据多维度呈现，学生也可以对教师的授课全过程进行评价，这种双向进行的教学互动能有效地加强师生沟通，督促教师进行及时改进，反馈教师的成败得失，提高高校教育教学水平；四是利用辅助教学工具来实时采集、分析新的教学场景，重构教学环节，调整教学进度，整合教学内容，及时完善教学评价。

总之，融媒体促进思想政治理论课协同育人成效，发挥课堂的育人主渠道作用，做到真正以学生为中心，推动"课程思政"与"思政课程"融合、传统媒体与新兴媒体融合、线上教育与线下教育融合，催生融媒体时代的课堂教学变革，积极探索智慧课堂混合式教学，发挥课程育人载体的功能。

三、高校思想政治教育活动育人

实践是人类有意识、有目的地改造自然和社会的活动，是人类认识世界的基础和源泉。教育本身就是一项实践性育人活动。大学生既是教育实践活动的客体，又是教育实践活动的主体，既是教育实践活动的出发点，又是教育实践活动的归宿，是过程与目的的统一。推进大学生思想政治实践是适应融媒体时代发展，创新高校思想政治教育方式方法，实现全员育人、全程育人、全方位育人的必然要求。要充分发挥思想政治实践活动育人的功能，推动思想政治教育工作更接地气，入脑入心，切实发挥思想政治教育工作的实效。

（一）实践性教学改革

深入推进思想政治理论课实践性教学改革，是坚持马克思主义实践观，适应社会经济发展需求，培养造就具有高度社会责任感、创新精神和实践能力的高素质应用型人才的根本要求。应加快推进实践性教学改革的步伐，搭建实践育人的平台系统，构建实践育人共同体，从而推动全员育人、全程育人、全方位育人落到实效。

1. 实践性教学改革的必然性

（1）实践性教学改革是马克思主义的本质要求。对实践教学的理解离不开马克思主义实践观的指导。马克思主义哲学科学地阐述了实践的本质和意义，指出实践是人们改造客观世界的物质活动。实践总是受到一定历史条件的制约，随历史条件的变化而变化。人作为实践活动的主体，能够有意识有目的地从事改造世界的活动。马克思主义实践的观点是实践育人的基石。马克思主义理论的内在要求是与实践相结合、在实践中发展理论，这就要求必须加强实践性教学，坚持理论与实践相统一的原则，并在实践中不断变革和发展。

（2）实践性教学是新时期教育发展的现实需要。随着我国经济社会的快速发展，人们的生活方式、思维方式以及价值取向发生了深刻变化，在实践中丰富和发展实践性教学是时代发展的必然要求。我们党和国家历来高度重视实践育人工作。坚持理论学习、创新思维与社会实践相统一，是大学生成长成才的必由之路。

当前，高校对实践性教学理念和重要性的认识不断深入，将实践性教学作为学生直接接触社会、接触实际问题、理论联系实际的重要教学环节。通过一系列实践性教学活动的方式有意识有目的地感受客观世界，并且学以致用、能动地改造世界的教学活动，有利于大学生深化对高校思想政治理论的理解和把握，提高当代大学生的综合素养和创新能力，形成良好的思想政治素质，在实践中不断增强服务国家、服务人民的社会责任感，运用马克思主义基本理论去发现、分析、解决社会问题。

但与此同时，高校思想政治教育的实践性教学改革并未取得实质性进展，依然是高校思想政治教育的薄弱环节，还存在实践育人片面化、功利化，组织过程简单化、形式化，各部门彼此割裂，实践育人机制不健全，第一课堂与第二课堂衔接不畅的情况，缺乏整体的思考和布局，缺乏相互融通，形不成育人合力，迫切需要加快改革创新的步伐。

2. 实践性教学改革的途径

（1）构建实践性教学的新体系。以立德树人为根本，积极推进思想政治教育实践性教学改革，积极构建实践性教学新体系，奠定坚实可靠的依据和基础。解决课堂教学"重知识、轻能力""重理论、轻实践"的问题，多维度地开展实践性教学改革，打造有一定特色的高校实践育人体系。

注重观念革新，加强顶层设计。立足于服务社会、为区域经济发展培养高素质应用人才的目标，加强实践性教学的顶层设计，推动党委统筹部署、政府扎实推动、社会广泛参与、高校着力实施，形成实践育人统筹推进的工作格局。正确认识实践性教学的重要地位，规范实践性教学的基本流程，优化实践性教学的课程标准和教学大纲，提供促进实践性教学长远发展的统一实践体系。从培养方案上落实实践性教学的具体要求，结合专业发展需要和人才培养标准，科学制定实践性教学课程方案和标准，提高实践性教学实效。

丰富实践内容，创新实践形式。保证实践性教学的规范化以及合理化运作，提升实践性教学的质量及水平。在教学内容和体系方面分多个层次来设计，理论教学与实践性教学相互补充、相互渗透，实践性教学相关课程相互渗透，发挥课程体系的整体功能优势。分类制定实践性教学标准，加大实践性教学比重。注重第二课堂活动的整合，推进学生社会实践项目的科学合理设置。做好前期实践项目引导，强化前期引导、线下执行及后期评价，不断完善社会实践类型和形式。加强对实践性教学及管理的研究，研究学生实践性学习的规律，根据教学内容选择不同的教学方法。

注重实践元素的导入，整合实践资源。以多样化的实践活动丰富课堂教学内容，促进相关课程实践资源的整合。充分考虑学生的水平差异和个性需求，有针对性地设计组织实践性活动方案，突出不同实践对象的特点。教师在设计实践活动时可以采用不同的教学媒介，充分利用以网络为代表的教学媒体实施更为全面科学的授课。根据学生喜好选择实践资源，分类开展社会实践活动。进一步夯实学生、教师与实践基地、教育基地的联系，增强实践性教学的实效性。

（2）培育实践性教学新模式。高校思想政治理论课实践性教学模式所涉及的内容以及环节相对复杂，鼓励学生主动参与，突破简单的调查及观察，吸引学生的注意力和兴趣，更好地实现教学资源的优化配置及利用。以平台拓展为契机，以整合资源为抓手，打破单兵作战传统，探索需求多向化、服务综合化的实践育人模式。坚持课上探究与课下实践相结合、集中实践与自主实践相结合、学习实践与生活实践相结合，探索实践与理论相结合的一体化教学模式，建立实践性教学的长效机制，促进实践性教学全面、深入、可持续发展。

探索丰富多元的实践性教学方式。突出自主实践，提倡自主学习、探索学习和协同学习方式，强调学生在实践性教学中的主体地位。突出情境实践，在教学实施环境中突出直观性、体验性和实践性。实践性教学中讲理论，理论结合实践，以实践性教学为主线，穿插理论教学内容，同时完成基本概念知识的讲解。改变教师单向灌输的教学方式，让学生由被动地接受知识转变为主动地探究知识，变学生被动参与为主动体验，打开学生的视野。对教学模式进行创新，将感悟式实践性教学模式、体验式实践性教学模式以及问题研讨式实践性教学模式相结合。尤其要注意设计体验式活动，通过直接体验和间接体验，激发学生的参与兴趣，发挥主观能动性，增强求知欲望、创新意识和实践能力。

推进实践育人项目化建设。充分考虑地方经济文化发展和大学生专业特点，设置可以充分发挥各自优势和可持续发展的项目。明确实践育人主体的责任分工、协调机制、保障机制和激励机制。加强课外实践的组织管理，积极探索校外合作模式，建构全方位的实践性教学评价管理体系，加强校外实践活动的管理。结合学校实际，通过专业课实践教学、第二课堂社会实践活动、创新创业教育、志愿服务、军事训练等载体，构建协同机制。采取多样化的组织模式开展思想政治教育实践活动，包括志愿者服务工作、社会考察活动、博览参观活动等，以适应多种教学理论实践的需要。分类组建一批实践性教学合作团队，在理论上引导学生，在形式上吸引学生，在效果上解决问题，进一步贴近实际、贴近生活、贴近学生，提高实践性教学的针对性和实效性。

推进实践性教学信息化建设。积极探索融媒体时代的实践性教学模式，推广和延伸实践育人的空间和时间维度。尝试开发实践育人共同体 APP 或专题网站，组织项目申报、成果展示、经验推广，推进第二课堂成绩单网络平台系统建设工作等，不断凝练实践育人共同体的活动特色。突出网络虚拟实践，通过信息技术和各种学习资源主动构建知识。传统课堂教学与慕课教学优势互补，融合"线上+线下"混合式教学实践，构建移动式学习环境，大力推行智慧教学，为实践性教学的变革发挥重要的支撑作用。

（3）打造实践性教学的评估体系。建立一套操作性强而又科学合理的实践性教学评估体系，既是验证实践性教学模式有效性的重要环节，也是实践性教学效果评价与监督的重要方式。通过对实践性教学进行科学评估，发现并纠正实施过程中存在的问题，不断提升和加强实践性教学的管理和实施，才能将实践性教学引入制度化和规范化的轨道，保障实践性教学模式的良好运行。

一是注重评价方式的多样化。坚持过程评价和效果评价相统一，坚持主观评价和客观评价相统一，坚持校内评价和校外评价相统一，以学生为中心，以课题为导向，协作学习、共同评价，打造与之相匹配的实践性教学评估体系。

二是注重评价主体的多元化。其包括对教师实践性教学的评价、对学生实践性学习的评价、对学院部门的管理评价、对合作单位的评价等，既要对各部门、各院校和学生的工作进行评价，也要对各参与主体的工作及成效进行客观评价。

三是注重评估指标的个性化。强调评价的民主化和人性化的发展，重视被评价者的主体性与评价对个体发展的建构作用。重视知识以外的综合素质的发展，尤其是创新、探究、合作与实践等能力的发展，以适应人才发展多样化的需求，既坚持综合全面评估，又体现评估指标个性化。评估手段主要包括问卷调查法、完全调查法、抽样调查法、座谈法、个别访问式等。

四是注重评价标准的科学化。制定规范的考核标准，对同类的评价对象必须用同一标准，评价标准、指标、分值要合理。在短时期内，对同类评价对象的评价应该保持一致。增加开放式考核、分项考核、过程考核等考核方式，将定性分析和定量分析结合起来，将动态分析和静态分析结合起来，将终结性评价和形成性评价结合起来。

五是注重评价手段的数字化。推进实践性教学的全过程引导评价，利用线上数据平台全程参与，有效地实现过程管控和结果评价的统一。结合学生参与实践性教学平台的数据，进行科学合理的判断，将评教方式、比较内容以及评价程序相结合，通过综合能力、团队精神以及品德修养等综合考察，对学生的实践态度以及实践过程进行深入分析并做出综合评估。

（4）打造实践育人共同体。本着"优势互补、资源共享、互惠双赢、共同发展"的原则，整合多方育人资源，打造实践育人共同体。积极推进校内合作、校企合作、校地合作，打造多种形式的实践育人共同体，形成各负其责、各尽其责、密切配合的实践育人新局面，发挥育人资源的集聚效应，形成实践育人的合力，推动全员育人、全程育人、全方位育人。建设不同类型、不同层面的实践育人共同体。从起主导作用的方面来分，建设一批高校主导型、政府主导型、行业主导型、社区主导型实践育人共同体，发挥不同层面实践育人共同体的特点，形成优势互补；从合作的项目类别来分，建设一批创新创业类、文化传承类、志愿服务类等实践育人共同体，发挥不同性质实践活动的育人功能，形成载体合力。

一是打造"创新创业类实践育人共同体"。整合实践资源，拓展实践平台，建立多种形式的社会实践、创业实习基地，为不同专业类型学生参与社会实践提供岗位和机会。依托地方就业创业基地的载体优势，开展实习就业实践、创新创业教育合作，切实提高学生职业素养和就业能力。探索建立企业制学院、订单式培养等创新校企深度融合的实践育人模式。例如，通过校企共建"交叉学科云平台实验室""人工智能与未来媒体实验室""VR 创作实验室"等平台，充分体现实践教学的技术导向和实践价值。

二是打造"文化传承类实践育人共同体"。依托本地各类文化资源，深化校地、校企合作。与校外红色文化育人基地合作，建设线上教育平台，打造集预约、参观、讲解、体验和互动为一体的立体化爱国主义网络教育平台。例如，通过历史场景体验和实地调研相结合，体验"行走中的读书会""实践中的理论课堂"；邀请校外专家到校进行宣讲，开展"先进典型进校园"主题活动，用先进人物和榜样典型引导学生。

三是打造"志愿服务类实践育人共同体"。拓展公益服务平台，引导学生参与公益活动、积极服务社会。以项目合作为抓手，与政府及社会力量合作共建志愿服务基地，不断丰富基地类型，促进育人成效的进一步凸显。积极开展"三下乡"实践活动，引导学生关注社会、关心民生，加强学生对社会主义核心价值观的认知认同。

深化实践性教学改革，不断适应新时期新要求，在实践育人共同体建设基础上不断创新方式方法，完善体制机制，全员参与和全程考核，提高实践育人工作水平，全面落实全员、全过程、全方位育人的要求，形成具有时代特色、符合学生需求的实践育人新格局。

(二) 学生社团建设

学生社团是高校校园里一支活跃的队伍，作为课外实践主阵地，在大学生思想政治教育中发挥着重要的作用。学生社团活动是高校活动育人的有效载体，是一种无形的教育资源。在融媒体时代"大思政"育人格局下，发挥高校学生社团在学生群体内部的创造性和影响力，通过开展丰富多彩的创业文化建设活动，能够有效补齐思想政治理论课的实践短板，从不同维度将理论小课堂同实践大课堂结合起来，形成互促互进的效果，推动"大思政"育人工作实效。

高校学生社团一般是指大学生基于自身的爱好、兴趣、信念和特长等，在学校指导下自愿组建、自主开展活动的学生组织，是高校中影响范围最广、参与人数最多的学生组织。学生社团的非营利性和非正式性使得学生有了更为宽广和自由的展示舞台和空间。学生能够在学生社团中更好地发挥他们的专业特长、兴趣爱好，发挥学生社团的自组织功能，提升学生的组织、交往、沟通、协调等全方位能力，帮助大学生提升综合能力和素养。

1. 学生社团的类型

按照社团活动内容和性质区分，学生社团可以分为以下几种类型：

（1）思想政治类社团。思想政治类社团一般由相同理想、信仰和志趣的大学生共同组成，具有较强的思想教育性和较高的政治导向性。通过融入与渗透科学的世界观、人生观、价值观及爱国主义、集体主义教育的内涵，成为思想政治教育的重要载体，为高校思想政治教育提供了一条有效途径，比如青年马克思主义研习社等。

（2）学术科技类社团。学术科技类社团是与专业兴趣相关，理论和实践并存的专业学习型社团，社团的成立与专业学习和专业技能领域联系紧密，是直接服务专业成长的，比如金融协会、科学技术协会、模具协会等。

（3）文体艺术类社团。文体艺术类社团主要是开展多种多样的文化、体育和艺术等方面活动的学生社团。这种类型的社团最受广大学生的关注和喜爱，具有很强的凝聚作用，比如舞蹈协会、足球协会、美术协会等。

（4）公益服务类社团。公益服务类社团以服务社会为主要目的，鼓励大学生参与各类实践和公益服务，提升大学生的社会责任意识，比如大学生志愿者协会、爱心支教社团等。

2. 学生社团的特性

融媒体时代，学生社团组织的特性更加明显，具体说来包含以下几点：

（1）传播层级较少，活动参与率高。相对于正式组织金字塔式的、具有等级关系和严格传播内容的传播模式来说，大学生社团组织传播层级较少，不受严格的制度性结构压力约束，具有广泛性、平等性、自由性等特点。大学生凭借自己的兴趣爱好和特长自发、自主、自愿地加入社团，符合自身发展需求，社团成员更容易主动获取信息、积极参加活动、主动参与互动，组织黏性和凝聚力更强，活动参与率和效果也随之提高。个别社团影响力较小，凝聚力不强。

（2）社团组织松散，传播方式灵活。学生社团组织是以兴趣爱好结合在一起的松散组织，传播主体一般代表自己的立场、观点、意志进行传播与接受，主要呈双向互动化传播，信息反馈比较流畅，传播方式更为灵活，下行传播、上行传播、平行传播、组织间传播、组织成员间传播都比较频繁，不太受时间、地点和组织结构的影响，不仅能提高大学生的兴趣，提升学生的积极性，而且能够丰富学生的精神世界，提升学生的创造热情，在实践活动中锻炼和提高各方面的能力。

（3）活动内容多样，满足多元需求。社团组织通常以大学生的兴趣爱好和其他需求为主自发结合在一起，能够激发大学生的兴趣爱好和培养其他方面的技能，同时还起着促进大学生全面发展的作用，和思想政治教育的总体目标相吻合。来自不同年级、不同学科、不同专业、不同性别和不同民族的社团成员，给社团带来了新鲜血液，组织丰富多彩的社团活动，以满足大学生的多元化需求。但社团信息传递随意性强，对负面消息的抵抗和消解能力不强，一旦把关不严，在特殊情境下容易导致偏激和失控。

3. 学生社团的建设

（1）科学组织社团活动，融入育人理念。深入挖掘思想政治教育的元素，确保社团活动具有更加丰富的教育内涵，使学生在参加社团活动中得到综合素质的提升。充分利用新媒体等各种载体的优势组织社团活动，通过微信群、QQ群等，更加广泛、及时地收集意见，做好充分的调研工作，将社会主义核心价值观教育、理想信念教育、创新精神等理念，潜移默化地渗透到社团成员的思维中，促使社团活动的形式、内容受到成员的广泛欢迎。发挥社团活动在校风、学风、校园文化建设等方面的积极作用，让学生在社团活动中感受到校园文化的魅力，积极主动参与到各类校园文化活动中，从而起到引领青年、凝聚青年、服务青年的作用。

（2）加强社团活动引导，深化育人成果。加强社团科学化、规范化的管理，制定出完善的学生社团管控机制，在社团活动主题、活动过程、管理制度等方面加以规范和引导，确保既定的活动目标能够顺利完成，取得预期的活动成果。学校要创造条件为学生社团提供经费、场地、活动时间等保障，采取一系列激励措施，深化育人成果。注重培养学生社团骨干成员，提升社团活动规范化管理水平。在创新活动内容上下功夫，突出活动内容的多样性和新颖性。结合学生的特点，以活动为抓手，通过学生喜闻乐见的方式，化教育于无形，达到育人效果。

（3）及时总结活动心得，积累育人经验。掌握社团活动中凸显育人价值的相关经验、操作方法。要将创新意识融入社团建设，既要在社团活动的形式、内容上不断创新，又要在育人方式、精神内涵上不断丰富，确保所有社团成员身体得到锻炼，品德得到提升。要结合各学科课程教学内容及办学特色，充分利用课后时间组织学生开展丰富多彩的科技、文化、体育、志愿者等社团活动，拓宽学生课后服务途径，使学生积极参与、主动参加、享受社团活动。通过"百佳社团"评比等活动，帮助学生社团相互取经、不断完善，不断推进学生社团的发展。

（4）加强校内校外联系，增强实践价值。学生社团活动的凝聚力很强、影响力很大，并且和社会建立着良好的关系。社团活动作为学校文化建设的重要内容，成为帮助学生接触社会、适应社会生活的有效手段。在组织学生社团活动过程中，有必要面向社会、服务社会，增加社会性活动实践内容。通过生动活泼、入脑入心的社团活动，让学生在参与中体验，在体验中内化，在内化中感悟，在感悟中成长。加大学生社团活动的实践力度，充分发挥社团活动的应有教育之义，从而达到活动育人的目的。高校学生社团是人才培育的重要渠道，是加强实践育人工作的重要载体，对推动高校思想政治教育工作发挥着重要作用。深入挖掘其实践育人功能，通过优化社团管理制度建设，建设有特色的品牌社团活动，引发学生参与活动的兴趣，实现活动育人以及全面建设社团文化，创设实践活动育人的路径，推动活动育人载体形成强大合力。

第四章　融媒体视阈下的高校
思想政治工作及优化

第一节　高校思想政治工作概述

一、高校思想政治工作范畴

(一) 明确高校思想政治工作理念

思想政治工作理念是把握思想政治工作科学性、促进思想政治工作创新发展和可持续发展的必要前提和强大内生动力。明确高校思想政治工作理念可以帮助思想政治教育工作者明确教育目标，制订科学的教育计划和方法，提高工作的针对性和实效性。明确高校思想政治工作理念可以推动思想政治教育工作者进行改革创新，探索新的教育方法和工作手段，提高思想政治工作的效率和效果，以适应时代和社会的发展变化。明确高校思想政治工作理念可以促进高校思想政治教育的可持续发展。只有思想政治教育工作者明确理念，不断创新和改进教育方法，才能不断提高教育效果，推动高校思想政治教育的可持续发展。因此高校思想政治工作的首要范畴便是确定明确有效的工作理念。

(二) 改善高校思想政治工作环境

环境对人的影响至关重要。首先，改善思想政治工作环境可以影响教育者的思想政治教育意识和能力。一个积极向上、健康和谐的工作氛围可以促进思想政治教育工作者的个人成长和职业发展，调适工作状态和提高效率。一个和谐、稳定、安全的工作环境可以激发教育者的工作热情和积极性，从而更好地开展工作。其次，改善高校思想政治工作环境可以提高教育效果和质量。思想政治工作环境可以从隐性教育层面对学生进行潜移默化地培养，熏陶学生的思想道德素质，从而更好地促进学生的成长和发展。因此改善高校思想政治工作环境也是高校思想政治工作的重要范畴。

（三）丰富高校思想政治工作内容

内容审视是思想政治工作的基础性工程，丰富高校思想政治工作内容也是其基础性工作范畴。首先，丰富思想政治工作内容可以增强思想政治教育工作者的教育意识和能力。思想政治教育工作者需要不断学习和掌握新的思想政治工作理念和方法，提高专业素养和技能水平。丰富思想政治工作内容可以激发思想政治教育工作者的学习兴趣和创造力，增强教育者的教育意识和能力。其次，丰富思想政治工作内容可以增加教育的多样性和针对性。高校思想政治工作需要针对不同的学生群体和不同的教育阶段，采取不同的教育方法和手段。丰富思想政治工作内容，可以增强工作的吸引力，更好地满足学生的需求，促进学生的全面发展，提高教育的针对性和实效性。

（四）加强高校思想政治工作队伍建设

加强思想政治工作队伍建设可以提高思想政治教育工作者的思想政治教育专业素养和技能水平。思想政治教育工作者的思想政治教育素质和能力是高校思想政治工作的关键。集众智事无不成，聚合力业无不兴。加强思想政治工作队伍建设，还可以吸引更多优秀的思想政治专业人才加入，提高新时代思想政治工作水平。因此加强高校思想政治工作队伍建设亦是高校思想政治工作的重要范畴。

（五）创新新时代高校思想政治工作载体

创新思想政治工作载体具有提高教育工作的吸引力和促进思想政治工作的可持续发展的重要作用。高校思想政治工作需要注重学生的需求和兴趣，采用丰富多彩的教育形式和手段，让学生更好地参与和融入教育过程，提高教育工作的吸引力和参与度。高校思想政治工作需要不断创新和发展，提高教育工作的可持续性和竞争力，以适应时代发展和人才培养的需要。因此创新高校思想政治工作载体也是高校思想政治工作的重要范畴。

二、融媒体与高校思想政治工作的关系

在遵循融媒体发展规律和思想政治工作规律的基础上实现二者的深度融合，是时代提供给当前融媒体发展和思想政治工作的重大机遇。

(一) 融媒体优化高校思想政治工作效果

作为媒介发展的大趋势，融媒体具有强大的生命力和影响力，给予整个社会以深刻的变革。传统媒介承载传递的思想政治信息已经难以满足新时代思想政治工作的需要，教育对象的媒介需求呈现出多样化、个性化的特点。在数字化网络化新技术的促动下，媒介不仅在媒介形态、信息接收终端实现融合，更使整个信息生态网络实现大融合。融媒体可以通过整合不同的媒介形式和技术平台，使高校思想政治教育内容更加高效地传播到更广泛的受众中，提高传播效率；融媒体可以使高校思想政治工作更加广泛地覆盖不同地区、不同群体的受众，从而提高覆盖范围和覆盖面；融媒体可以提供更多的互动方式和渠道，使受众可以更加积极主动地参与到高校思想政治工作中来，从而提高工作参与度和认同感。面对新形势，高校思想政治工作传播一定要紧抓机遇，构建起传者受者的高效互通的渠道，让新技术为我所用。

(二) 高校思想政治工作促进融媒体发展

思想政治教育传播是一种特殊的信息传播活动，高校思想政治工作是促进融媒体发展的重要力量。高校思想政治教育可以通过数字化教学的方式，将教学内容以视频、图片、漫画等形式进行数字化处理，并整合到网络平台上，为学生提供更加便捷、高效的学习体验，同时也为融媒体提供更多的内容资源和传播渠道；可以通过数字化文化建设的方式，建设数字化图书馆、教室、实验室等，提高校园文化的数字化程度，为融媒体提供更多的资源和平台；可以加强对网络思想政治教育的管理，制定相关政策和规定，提高学生网络素养和网络安全意识，进一步推动融媒体的发展；可以有助于人们掌握好传播媒介的融合发展规律，认识到融媒体对于个人发展的影响，对于国家政治、经济、文化和社会治理的影响，解决好融媒体前进发展进程中的荆棘与阻碍，把握媒介发展趋势以适应不断前进的媒介社会，从而促进融媒体的发展。

（三）融媒体与高校思想政治工作互进共促

虽然融媒体的发展有其特殊的规律性和独立性，但融媒体的发展并不是完全独立于社会之外自我发展的。除人们对于信息日益高涨的需求和技术的创新之外，高校思想政治工作也日益成为融媒体正向发展动力中重要的一环。而思想政治工作的开展也不可以脱离融媒体的发展趋势。融媒体为传播思想政治教育相关知识提供了重要的载体和渠道，也影响着受教者的思维方式，只有善于应用新技术，才能使思想政治工作适应时代发展，满足时代要求。因此，二者不是孤立而是你中有我、我中有你的整体。二者协调共促，才能获得良性发展。

第二节　高校思想政治工作的原则与理念

对融媒体视阈下如何实现高校思想政治工作的创新优化路径进行思考，首先须明确融媒体视阈下高校思想政治工作的原则与理念。要优先强调融媒体视阈下高校思想政治工作的原则。融媒体视阈下高校思想政治工作的原则是融媒体视阈下高校思想政治工作路径优化的根本指引和遵循，没有原则提纲挈领，那么路径的提出则杂乱无章，缺乏效果。而融媒体视阈下高校思想政治工作的理念则是融媒体视阈下高校思想政治工作优化路径执行的基本思维和标尺，有了理念穿针引线，系统优化的路径才能变得连贯统一。

一、融媒体视阈下高校思想政治工作的原则

融媒体视阈下高校思想政治工作的原则是融媒体视阈下高校思想政治工作路径优化的根本指引和遵循。在融媒体视阈下高校思想政治工作应当遵循坚持党的领导与思想政治发展相统一、坚持显性教育与隐性教育相统一、坚持一元主导与包容多样相统一和坚持工具理性与价值理性相统一等四项基本原则。

（一）坚持党的领导与思想政治发展相统一原则

坚持党的思想政治工作领导是中国特色社会主义教育的重要原则之一，是党的全面领导的重要组成部分，也是加强和改进高校思想政治工作的根本保证。在高校思想政治工作中，党的思想政治工作领导地位是至关重要的。只有

牢固树立党的思想政治工作领导地位，才能真正把高校思想政治教育纳入党的全面领导之下。思想政治教育涉及学生的思想、信仰、价值观等重大问题，必须由党的组织来具体实施和领导，这样才能确保思想政治教育的指导思想、工作目标、教育内容、教学方法等方面得到正确执行，确保高校思想政治工作始终沿着正确方向前进。中央高度重视高校思想政治工作，提出了一系列加强和改进高校思想政治工作的政策措施。只有坚决落实中央决策部署，坚持党的思想政治工作领导，才能确保高校思想政治工作得到有效实施，推动高校思想政治工作不断迈上新台阶。高校思想政治工作是一项系统工程，需要各方面共同努力。只有坚持党的思想政治工作领导，充分发挥党的作用，才能有效整合各方面资源，提高高校思想政治工作质量和水平。因此，坚持党的领导与思想政治发展相统一原则，是加强和改进思想政治工作的重要保证，是推动思想政治教育深入发展的关键。坚持党的思想政治工作的领导是新时代加强和改进高校思想政治工作的根本保证，是推动思想政治工作不断迈上新台阶的强大支撑。

（二）坚持显性教育与隐性教育相统一原则

显性教育即通过课堂正面、系统化模块化传递知识价值观的一种教育形式；隐性教育是相对于显性教育而言的一种教育形式，即通过不仅仅局限于课堂的、非正面、间接地传递知识价值观的一种教育形式。隐性教育重在"隐"，"隐"意味着在"暗中、不明显"，这要求隐性教育无论是在教育目的还是教育方法上，都需要具有隐蔽性，使接受教育的主体在无意识之中接受教育，达到教育效果。当前，显性思想政治教育是我国采取的绝对主流的一种教育形式。显性思想政治教育通过课堂正面、直接地传递知识价值观，可以在短时间内达到一定的教育效果，对于一个人口数量庞大的国家来说，这种高效的教育形式是非常必要的。而且经过长时间的实践经验的积累，显性教育已经具备成熟的体系。

在新时代，隐性思想政治教育与显性思想政治教育共同构成高校思想政治工作的内涵，且隐性思想政治教育的强大能量越来越被高校思想政治教育工作者重视。媒介融合使得多元的文化现实和虚拟相生相成，传播与接受边界消融，媒介与媒介纵深融合，悄然而又深刻地改变了我们的生活、社会和文化。更加全面的媒介环境使得大学生的学习生活被其裹挟得更紧，具有高渗透性与黏性的媒介环境为隐性思想政治教育的开展提供了巨大的契机。面对这样的情况，思想政治工作的发展要求已经无法单纯依靠显性思想政治教育来实现。坚持显性教育与隐性教育统一原则，发挥优势互补不足，可以将高校思想政治工作效果提高到新的维度。

（三）坚持一元主导与包容多样相统一原则

在教育理念方面，要坚持一元主导与包容多样相结合。一元主导是指思想政治教育应该以马克思主义、中国特色社会主义和中国梦为主要内容，引导学生树立正确的世界观、人生观和价值观。在思想政治教育中，一元主导是必须坚持的基本原则，只有这样才能确保思想政治教育的正确方向和实效性。包容多样则是指思想政治教育应该尊重学生的思想个性和多样性，引导学生树立正确的思想意识和文化观念，同时鼓励多元文化交流融合，吸收和借鉴优秀成分。在思想政治工作中，包容多样是实现教育目标的重要方式，这对学生品行素养和创新思维的培养具有关键意义。

思想政治教育要坚持一元主导与包容多样相统一原则，清楚认识到一元主导与包容多样不是对立的，而是辩证统一的，二者相互促进，缺一不可。一元主导可以确保思想政治教育的正确方向和实效性，包容多样则可以激发学生的思想个性和创造力，从而使思想政治教育更具有针对性和实效性。只有将一元主导和包容多样结合起来，才能真正培养出有用之才。

（四）坚持工具理性与价值理性相统一原则

媒介技术的融合发展是不可逆的趋势，人类的生活日益丰富多彩、舒适便捷，媒介对人的影响越来越大。我们应警惕媒介融合对使用者的异化，导致工具理性取代价值理性成为主流。人类社会的发展，固然需要技术进步，但这绝不是唯一目的。我们不能停下对技术进步的追求，同时也必须认识到价值理性对于人类发展的重要作用，二者相互统一于人类发展进程，才能使社会沿着正确轨道发展。

高校思想政治教育工作者应该积极引导师生正确看待媒介发展，倡导多元化的媒介发展理念。鼓励师生积极接触和了解不同媒介形式和文化，提高师生的跨文化交流能力和文化包容性。注重强调媒介发展必须在法律法规允许的范围内进行，同时强调媒介发展必须承担相应的社会责任，关注社会公共利益和人类长远发展。高校思想政治工作的本质是加强师生的思想引领和文化培育，而人文关怀是高校思想政治工作的重要内容之一。高校思想政治教育工作者应该注重在媒介发展中融入人文关怀，强调价值理性的重要目标，引导师生从人文视角看待媒介发展，提高师生的文化素养和人文素质，避免单纯的媒介发展而忽略了学生的人文关怀。在人文关怀方面，应该注重与学生的沟通和交流，关注学生的实际需求和情感状态，为学生提供有效的心理支持和情感安慰。注重引导师生从价值理性视角看待媒介发展，提高师生的媒介素养和人文素质，最终实现高校思想政治工作的有效提升。在媒介技术高度发达的今天，坚持工具理性与价值理性统一原则是每个教育者应该遵循的不二法则。

二、融媒体视阈下高校思想政治工作的理念

在新时代，高校思想政治工作理念应不断与时俱进，在高校思想政治工作原则的指导下，深度把握媒介融合和高校思想政治工作规律，从而探索出适应媒介融合发展趋势的高校思想政治工作理念，并将其作为融媒体视阈下高校思想政治工作的基本思维和标尺，才能构建起连贯系统的优化执行路径，从而促进新时代高校思想政治工作的发展。

（一）坚持线上线下教育结合，注重自由全面发展

作为科技发展在传媒领域的直接体现，融媒体给如今的生活方式带来了更多新的可能性，线上教育便是其中之一。线下教育是指在实景物理空间进行面对面授课的一种教育模式，现场交流、现场指导，通过真实的接触能够增进情感交流，培养学生沟通与合作的能力，教师也可即时维持课堂秩序，对课堂有较强的掌控感。而线上教育是指在网络虚拟空间进行网上直播授课的一种教育模式，教育时间和地点无需固定，教师、学生间的沟通采取线上回答的方式，网络化、无纸化是其特点之一，资源获取无边界化，拥有较低的教学和学习成本，拥有无边界和无限大的运行空间。然而线下教育存在着教育成本高、教育资源重复投入而收效却不会迭加提高、存在物理边界和有限容量等缺陷。线上教育存在着师生、生生间真实交流不足而情感生疏、课堂可控性差等缺陷。线上线下教育的巨大优势和不可忽略的缺点就注定我们不能忽视任何一方，坚持线上教育与线下教育相结合的理念正是发挥优势、弥补不足的最佳方式。

坚持线上教育与线下教育相结合的理念，也更契合思想政治教育对"自由全面的人"的教育目标的实现。高校思想政治教育的培养目标就是要坚持全面发展，促进人的自由全面发展，使培养造就的人才不是仅仅会掌握某些技能的"工具人"，而是以一种全面的方式。也就是说，作为一个完整的人，占有自己的全面的本质。高等教育的本质是培养学生的综合素质和创新能力，使学生能够在身体、智力、道德、情感和社会等方面得到全面培养和发展，实现自我价值和社会价值的有机结合。在现代社会中，人才的竞争已经成为国家和

民族竞争的核心。只有培养具有综合素质和创新能力的人才，才能在未来的竞争中立于不败之地。高校思想政治教育的目标与任务，归结起来就是促进人的现代化和社会现代化。人的现代化和社会现代化就是人的发展和社会发展，更准确地说就是促进人的全面发展和社会的和谐发展。因此，线上教育与线下教育相结合，更是理论与实践相结合。新时代思想政治工作需要注重学生的自由全面发展，提高学生的综合素质和实践能力，以适应未来社会的需求。

（二）认识融媒体传播特征，重视学生主体地位

认识融媒体传播特征是新时代创新高校思想工作的基础。融媒体传播需要认识媒介个体不同的传播特征及优势。言语媒介是人们沟通传播的主要媒介，通过言语、语气的表达会使人感受到沟通者背后的情绪和态度，增加信息传播的亲和力，但是言语媒介传播的即时性和保存不便是其明显的缺点。文字媒介改变了言语媒介传播不易保存的缺点，通过载体的应用可以将文字进行跨时间和地域的流传和保存，这点具有跨越性的意义，直接促使人类社会文化发展的跨越式进步。文字媒介的阅读虽然不能直接感受传播者文字背后的语气，但是可以通过文字线性、理性的表达领会传播者的态度和深意，促使阅读者的思考，锻炼阅读者的思维能力。与文字媒介相比，电话、广播、电视等电子媒介可以将跨时间和跨地域的文字、声音、图片和视频等信息即时呈现在我们面前，加快了信息传播效率和信息的感官体验。而当今的融媒体技术则是对以上功能的融合强化，不仅使电子媒介的即时性信息可以随时随地体验到，而且增强了其内容的丰富度和交互性。每一种媒介有其特有的功能和优势，其他的媒介可以做到对不同媒介劣势的互补，而不能彻底取代他们。因此要想充分发挥媒介的功能与价值，就要充分重视它自身特性所带来的影响。随着科技的发展和媒体形式的多样化，思想政治工作需要与时俱进，不断适应新的传播形式和媒介环境。认识融媒体传播特征可以帮助思想政治教育工作者更好地把握时代特征，增强思想政治工作的时代性。认识融媒体传播特征也可以帮助思想政治教育工作者更好地了解学生的媒介使用习惯和心理，增强思想政治工作的宣传效果。因此，思想政治工作需要针对融媒体传播特征，提高工作实效性，使学生更好地掌握正确的价值观和思想政治理论。认识融媒体传播特征对于思想政治工作具有重要的现实意义，是新时代必须予以贯彻的教育理念。

不同特征及优势的媒介个体优势互补，实现了融媒体的创新发展，使得融媒体的传播特征具有了超越时空、即时高效、个性互动、内容共享等特点，这些都使得受教育者能够脱离原先思想政治教育中的地位不平等局面，受教育者

的主体性日趋明显。新时代思想政治教育工作者必须与时俱进，敏锐察觉到新环境变化对思想政治工作带来的巨大影响，放弃传统思想政治教育观中注重教师主导、共性教育，轻视学生主体地位和个性发展的思维，重新审视思想政治工作中的主体性问题，顺应融媒体的传播优势，充分认识和重视受教育者的自主性和能动性，尊重个体的差异，培养具有自我意识知行合一的新时代青年。

（三）消解融媒体不良影响，加强思想政治人文关怀

习近平总书记指出："好的思想、观念、内容，要通过生动的形式、多样的手段表达出来，才能达到最佳宣传效果。"[①] 融媒体正是符合新时代信息传播要求的重要法宝。不过，媒介融合虽然带来了信息传播的快捷广泛等优势，但其自身也存在着一些弊端，任由其野蛮生长则会带来巨大隐患。首先，在融媒体的背景下，信息传播速度非常迅速，信息来源也更加多样化，这导致虚假和有害信息更容易传播。如果不加以分辨和筛选，容易误导并荼毒大学生，甚至引起恐慌和社会动荡。其次，各种媒体平台和渠道都有机会传播信息，这导致传统思想政治工作的公信力和权威性受到挑战。如果当代思想政治教育不能提供优质的信息和权威的解读，容易失去大学生群体的信任，动摇思想政治教育的地位与影响力。最后，融媒体带来的信息传播渠道和方式多样化，使读者容易接收到大量的碎片化信息，加剧其认知狭窄和思维固化。如果大学生不能有效地筛选和整合信息，容易陷入信息漩涡，难以获得深入和全面的认知。

文化的背后是意识形态。要贯彻思想政治工作的人文关怀理念，促进大学生对社会历史和人类文化的理解和认识，增强他们对中国文化的认同和自豪感。而面对融媒体带来的碎片化信息侵袭，思想政治教育的人文关怀更是起到了促进大学生对生命、人性和人类命运的思考的作用，利于提高他们的思想境界和批判精神，进行理性的自我反思。总之，新时代的思想政治工作更应该明晰融媒体的两面性，贯彻好思想政治教育的人文关怀的理念。

第三节　高校思想政治工作的优化路径

如何在融媒体时代，利用好媒介技术推进思想政治工作，实现大学生思想政治教育的创新发展，是高校思想政治工作面临的新课题。从目前来看，融媒

---

① 新华通讯社课题组. 习近平新闻舆论思想要论 [M]. 北京：新华出版社，2017：103.

体在高校思想政治教育创新发展工作中的应用虽然呈现发展的态势，但鉴于融媒体与高校思想政治教育的融合仍处于探索阶段，高校思想政治教育创新发展仍存在许多制约因素。因此高校要紧紧围绕"以师生为中心"这一理念和"立德树人"这一根本任务，厘清思路，明确目标，提升教育主客体的媒介素养，创新高校思想政治教育载体，优化思想政治教育的内容，改变思想政治教育的方法手段，健全思想政治工作机制，从而不断推动融媒体时代高校思想政治教育创新发展，解决"培养什么人、怎样培养人、为谁培养人"的根本问题。

一、高校思想政治教育内容的丰富

高校思想政治教育的内容是一个动态的、发展的系统，而不是静止不变的固定模式。随着中国特色社会主义进入新时代，高校思想政治教育内容也被赋予新的内涵与意义。在融媒体时代，随着信息技术、媒介形态的迅猛发展，意识形态领域发展呈复杂化态势，各类非主流信息对高校思想政治教育内容形成巨大冲击，使高校思想政治工作变得更加烦琐、复杂。因此，高校思想政治教育内容的创新直接关系到高校大学生的意识形态建设，影响其正确价值观的培养。高校思想政治教育内容的创新要以习近平总书记关于高校人才培育的重要阐述为依据，提升大学生思想、道德、文化、法治等方面的素养，增强大学生的综合素养，着力培育担当民族复兴大任的社会主义接班人与建设者。

（一）突出社会主义核心价值观

社会主义核心价值观是高校思想政治教育内容最重要的组成部分，也是最核心的主导性内容。社会主义核心价值观的建构与发展是随着时代的发展而不断丰富与完善的，直到党的十八大将社会主义核心价值观凝练为"富强、民主、文明、和谐，自由、平等、公正、法治，爱国、敬业、诚信、友善"这24个字，全面深刻地反映了中国人民在祖国伟大的发展进程中对中华优秀传统文化的继承与弘扬、对美好生活的追求与向往、对社会价值的诉求与想法。同时，社会主义核心价值观不仅反映了政治、经济、文化、社会、生态等方面的内涵与价值，也分别从国家、社会、公民三个层面体现了其重要的价值与要求，值得注意的是，它们不是机械的一一对应、固定的关系，而是一个有机的、相互融合、彼此支撑的辩证统一关系。因此，在高校思想政治教育内容创新过程中，不可以将其割裂开来，要正确地引导并论述它们的内涵与彼此之间的逻辑，帮助大学生树立正确的价值观，促进大学生全面成长成才。

在融媒体时代促进高校思想政治教育内容的创新发展，就必须积极培育和践行社会主义核心价值观，努力寻找融媒体与社会主义核心价值观之间的耦合点，将社会主义核心价值观贯穿于高校思想政治教育的全过程中，使大学生在将社会主义核心价值观内化于心的同时，也做到外化于行，在实践中不断巩固与发展。例如，可以利用融媒体技术与特点，将社会主义核心价值观通过各类校园网站、公众号、微博进行线上发布与推送，或者也可以通过传统理论课堂、线下传统校园媒体进行讲述与发布。在校报、校刊以及校园广播上进行社会主义核心价值观教育，这样既可以扩大社会主义核心价值观的学习与传播范围，也可以满足大学生个性化、多层次的需求。同时，这种多元化的思想政治教育活动，使社会主义核心价值观更加具象化、生动化、灵活化，不仅提升了自身吸引力，还可以潜移默化地影响大学生的正确价值观念与思想道德的形成，成为大学生生活与学习的重要动力与精神食粮。

（二）强化以理想信念为核心的内容

理想信念教育是高校思想政治教育的核心内容，也是思想政治教育内容创新的重要部分。理想信念教育是引导青年找到正确的人生方向的关键因素，也是青年牢固树立正确、远大的理想信念，实现伟大中国梦的重要前提。理想信念反映着大学生的主流价值观，体现着大学生的政治信仰，以及大学生的思想道德素养与文化素养，是高校思想政治教育的重要内容。因此高校思想政治教育内容的创新，离不开对理想信念的学习。

首先，思想政治教育内容的创新可促进马克思主义基础理论与理想信念教育相结合。马克思主义科学化、创新性的理论体系是大学生树立正确理想信念的基础与前提。新时代中国特色社会主义的理想信念就是以马克思主义理论为基础，继承并创新发展而来的。因此，高校思想政治教育要不断加强对马克思主义理论基础的巩固与学习，并在此基础上探索新时代中国特色社会主义的发展历史脉络与客观规律，了解并把握新时代中国特色社会主义的发展特点与时代价值。只有将理论与理想充分结合起来，将马克思主义理论与中国特色社会主义的伟大实践相结合，我们才能用科学的、发展的眼光理解习近平新时代中国特色社会主义思想，并自觉、主动地树立正确的理想信念。同时，积极投身社会主义实践，并在实践中进一步理解、巩固马克思主义理论基础，进而坚定理想信念，为实现中华民族伟大复兴提供强大的精神源泉。因此，高校思想政治教育要强化马克思主义理论的学习与宣传，实现理论与信念的统一，在理论中坚定信念，在信念中强化理论，相互支撑、彼此推动，相辅相成。

其次，思想政治教育内容的创新可促进社会理想与个人理想相结合。大学生理想信念教育，有利于引导大学生更好地处理个人与社会、与国家的关系。因此，要加强大学生理想信念教育，就要不断引导大学生将个人理想与社会理想相统一、相结合。在社会理想中不断实现个人理想，在个人理想中又要重视社会理想的实现。引导大学生将中国特色社会主义共同理想、中国梦的实现积极主动地融入个人理想的实践过程中来，树立集体意识，增强自身的社会责任感与民族自豪感，在个人理想的实践过程中，不断坚持中国特色社会主义的道路自信、理论自信、制度自信与文化自信，增强自身的使命感。在社会主义实践中，不断强化大学生对马克思主义科学性、真理性特征的理解，并不断探索中华民族伟大复兴之路的价值与意义，将个人理想与社会理想有效结合。个人理想的实现受到社会理想的决定与制约，社会理想的实现是个人理想实现的条件，个人理想又集中体现着社会理想，二者是辩证统一的，不能孤立存在。因此，在理想信念教育中，要将二者辩证地结合起来，既要重视社会理想的实现，又要兼顾个人理想的实现。只有将二者有效地联系起来、结合起来，个人理想才会实现，社会理想才能加快实现的步伐。个人理想只有与社会的利益与需求相结合，与集体利益、整体利益相一致时，才可能实现。

最后，思想政治教育内容的创新可强化爱国主义教育与共产主义理想教育。通过对爱国主义教育的不断强化，坚定大学生的共产主义信仰。

（三）提升以文化教育为中心的内容

文化教育是新时代青年思想政治教育内容的重要构成部分，也是创新高校思想政治教育内容的一大亮点。高校思想政治教育内容的创新是在高校立德树人根本任务的基础上展开的，因此，高校要以文化人、以文育人，提升大学生的文化素养，满足大学生的精神需求，重视优秀文化对高校大学生道德、思想及价值观潜移默化的影响，使中华优秀传统文化与现代文明厚植于青年大学生的内心当中。

一是加强优秀传统文化教育，增强文化自信与文化自觉。要加强中华优秀传统文化的继承与弘扬，提高中华优秀传统文化在高校思想政治教育内容中的比重，并以多元化的方式、手段将其进行传播与弘扬，提升大学生对中华优秀传统文化重要性的认识，增加他们对中华优秀传统文化的民族认同感与文化自信心。

二是加强革命文化与精神的学习与教育。中国特色社会主义的繁荣发展是与先辈光荣的革命斗争、伟大的革命事迹分不开的，革命文化教育是革命精神传承最有效的表达形式，革命精神是革命文化的内核。大学生通过对红色革命文化知识的学习，可提升自身的革命情感，学习革命精神、弘扬革命文化，同时在这个学习与感悟的过程中，更加坚定自己的理想信念、树立远大的志向与抱负，为实现中华民族伟大复兴而努力奋斗。

（四）夯实以道德与法治为基础的内容

立德树人是高校思想政治教育的出发点与立足点，因此，高校要坚持以人为本，德育为先，培育大学生高尚的道德情操，树立正确的道德认知，提升道德判断力与践行力。道德与法律虽然是社会规范的两种不同的表达形式，但却是相互融合、相互支撑、相辅相成的关系。甚至在社会发展到特殊的阶段时，道德与法律的价值取向与精神内核趋于相同，道德与法律的基本内容与原则在部分国家也存在趋于统一的现象。因此，高校思想政治教育的道德与法治建设是提升大学生道德素养、增强法律意识的重要保障。只有将二者有机融合，辩证地看待二者之间的关系，才能把握二者的核心要领，提升大学生的综合素养与能力，才能培育出担当民族复兴大任的时代新人。

高校思想政治教育内容的创新是着眼于中国特色社会主义发展的新要求、新目标展开的，高校思想道德与法治内容的建设与创新必须结合新时代中国特色社会主义发展的历史方位与时代要求，进而有助于顺利、高效地完成新时代育人的使命，因此高校思想政治教育内容既要加强道德与法律内容体系的优化与建设，又要兼顾二者相辅相成的关系。

首先，高校要不断创新思想道德教育内容，加强道德规范的教育。一是高校要以中华优秀传统文化为依托，丰富与创新思想道德内容。高校思想道德内容的创新需要弘扬与发展中华优秀传统文化，坚持继承与创新相统一，借鉴传统文化中的优秀成果，无论是儒家的"仁爱""修身""仁、义、礼、智、信"文化，还是提倡"兼爱""非攻"尊重自然发展规律，倡导人与人之间和谐相处的墨家文化，都是中华优秀传统文化的体现，都表达了中华优秀传统文化中的伟大智慧。二是高校要强化社会公德、家庭道德、个人品德的教育。社会公德是每一位公民都应该遵循的重要的道德准则，是维护社会纪律、维护社会稳定发展、促进国家长治久安的重要力量，也是规范大学生行为举止、培育大学生的集体意识与责任担当的重要手段。家庭道德教育是影响个人道德形成的重要因素，并在潜移默化中影响个人的思想行为，因此，只有不断促进良好家风的传承与教育，形成良好的家庭道德，才能不断提升大学生思想品德。个人品德主要强调一个人为人处世的原则以及内在修养与外在行为的综合素养。大学生要将道德融入日常生活与行为实践当中去，真正实现内化于心、外化于行。

其次，高校要加强法律素养教育，提高大学生的法律意识。党的十九大、二十大报告多次提到依法治国和法治，充分说明了法律和依法治国的重要性。除了国家层面制定的法律法规外，公民个人的法律意识、法律观念与法治思维也是至关重要的。高校在创新思想政治教育内容时，要充分结合大学生法律素养的现实情况与新时代依法治国理念的新要求，加强大学生的法律意识、法治观念，提高运用法律维权的能力。一是发挥课堂教学主渠道，将法律知识、法治理念贯穿到整个思想政治教育的过程当中，并及时融入一些典型的案例，帮助大学生深入理解法律知识，同时，也要在课堂教学过程加强媒介手段的应用，以扩大法律知识的普及范围，增加吸引力与影响力。二是崇德明法，将道德教育与法治教育相结合。一方面加强道德教育引导，另一方面强化法律约束，将道德规范与法治理念渗透到思想政治教育过程中，在论德释法的过程中不断引导大学生依法行使权利、依法履行义务。三是提升教师队伍的法律素养。高校思想道德修养与法律基础课的教师，是提升学生法律素养与思想道德的关键。因此，高校要加强对思想道德修养与法律基础课教师法律知识的培训，不断提升教师的专业知识素养；健全教师培养与学习管理机制，制定严格的法律教师准入机制，提升教师队伍的专业性，提高高校道德与法律教育的针对性与有效性。

二、高校思想政治教育方法手段的创新

（一）打造融媒体思想政治教育新平台

推动媒体融合发展、建设融媒体格局已经成为新时代不可逆转的趋势，高校思想政治教育要因势而谋，顺势而为，搭上融媒体发展的顺风车，科学利用网络媒介把融媒体打造成思想政治教育的新平台、舆论引导的新阵地，建设有高度、有深度、有温度的高校大学生思想政治教育平台，切实保障高校思想政治教育的质量。

1. 坚持思想为本、内容为王

思想是行动的指南，只有以正确的思想为根本，才能确保方向的正确性。高校思想政治教育要回答"培养什么人、怎样培养人、为谁培养人"的根本问题，就必须坚持思想为本，打造高校思想政治教育的"灵魂"。高校思想政

治教育要以马克思主义思想为指导，这是在任何时候都必须坚持的原则。科学的思想一旦被人民群众掌握，就会产生强大的力量。高校要培育合格的中国特色社会主义建设者和接班人，实现中华民族伟大复兴的中国梦，必须引导大学生真学、真懂、真用这一科学的思想体系。面对融媒体环境下复杂的网络舆论氛围，高校思想政治教育更要以正确的思想为指导，为大学生在混沌的舆论场点亮一盏指路明灯。大学生只有提高了思想高度，才能透过现象看到事物的本质和发展规律，才能避免不良思潮的诱导和侵蚀。

形式服务内容，万变不离其宗。近年来，为了提升高校思想政治教育的质量，相关部门和各大高校都努力在教学模式、教学手段和教学方法上进行了许多具有创新性的探索，然而其最终目的都是服务教学内容。"言之无文，行而不远"，再新颖的形式，再别致的载体，若脱离了好的内容，也会造成审美疲劳。融媒体时代，虽然利用新兴网络平台进行思想政治教育固然重要，但是也不能顾此失彼，只注重在网页、微博、微信等平台上做文章，忽视了对思想政治教育内容的挖掘和研究。新媒体平台只能作为一种技术支撑，单纯依靠技术并不能让高校思想政治教育圈粉，要想真正发挥高校思想政治教育的影响力，必须坚持内容为王，好的内容自带流量。

2. 坚持科学灌输、德育渗透

灌输论作为马克思主义理论教育的重要原理，对高校思想政治教育有着举足轻重的作用。当下，灌输论面临着被污名化的境遇，然而实际上，马克思主义话语体系中的"灌输"是以科学理论为指导，以人的自由而全面的发展为结果的理论教育活动，这与西方所指的强硬灌输是有本质区别的。在融媒体时代，高校思想政治教育要坚持灌输论的基本原则，并以此为基础在灌输的内容、形式、载体上赋予其新的时代内涵，改变传统"我说你记"的灌输模式，做到科学灌输。思想政治教育从根本上说是做人的工作，因此在实行灌输的时候一定要注重人文关怀，充分考虑学生的实际需求，在平等参与的基础上，利用融媒体技术开展在线讨论、线上课程等，积极探索新时代科学灌输的新方法。

德育渗透其实也是一种柔性的灌输。德育是高校思想政治教育的重要环节，它不仅关系到整个社会的全局性需要，也关系到大学生自身成长成才的内在需要。德育渗透是一个综合化的过程，首先，要让大学生明理，掌握正确的道德原则和理论修养。其次，要让大学生身体力行，这是德育渗透的最终目标，让大学生做到言行一致，用正确的道德品质指导道德实践。要实现这一目标，高校思想政治教育，一是要坚持在教育过程中挖掘德育资源，根据学科实际将教学内容与德育因素有机结合，并且借助教师讲台形象，对学生进行引导和示范，以教师自身的学识和修养，对学生进行潜移默化的影响。二是要利用融媒体技术，形成线上线下全方位的德育环境，建立线上"云"德育，拓展课程资源，通过微信、QQ 以及其他软件推送德育课程，开展德育微专题。

3. 坚持立体传播、网络育人

融媒体时代，媒体融合是大势所趋，高校思想政治教育积极拓展新媒体阵地，争夺新媒体场域话语权是提高高校思想政治教育实效性的必然选择。高校要在继续坚持报纸、电视、广播、海报等传统手段的基础上，以融媒体中心为载体，创新运用数字化、信息化、网络化技术，推动高校思想政治教育资源融合，构建"课堂+媒体"模式，利用微视频、H5、AR、VR 等多种新媒体手段，搭建立体式传播格局。

在利用新媒体技术进行思想政治教育实践时，不能只追求形式，不是将老课件上传到网站就算进行了新媒体宣传，而是要改变过去缺乏参与性、互动性的模式，在大学生常用的新媒体平台上对热点事件、热门话题进行理性引导。充分发挥各类新媒体的传播特色，加强与校外媒体的横向联系，对接各部门、各地区、各高校将资源尽可能汇集到统一的线上云平台，建立校内互动、校外联动机制，壮大高校思想政治教育在新媒体领域的阵地，形成现实思想政治教育与虚拟思想政治教育的有机融合。开发校园信息线上服务平台，满足大学生实际需求，打造优质思想政治教育文化产品，实现高校思想政治教育立体传播大格局。

高校网络育人队伍综合素质有待提高。部分教师只注重日常正面的舆论宣传，处理突发公共舆论事件的能力不足，对热点事件的把握不敏感，往往错过了网络育人的时效性。部分教师只是单纯为了贴近学生，在一些新兴媒体上发布的信息过于注重娱乐性，而忽视了学理性、政治性，无法真正发挥网络育人的影响力。因此，当前高校思想政治教育迫切需要建立一支网络育人队伍。高校各级党委决策层要加大对网络育人的支持力度，从队伍、体制、经费等方面提供坚强保障。深入探究网络育人规律，对教师进行培训，提高其运用新媒体的能力。各级教师要坚定政治立场，敢于发声，善于发声，突出模范带头作用，唱响舆论宣传最强音。选出一批综合素质过硬的学生干部，使其成为网络育人队伍的有益补充，发挥同辈群体的示范作用。总之，高校要牢牢把握网络这一立德树人的重要阵地，构建全员、全程、全方位的网络育人模式，让思想政治教育活起来、火起来。

4. 坚持理论引领、润物无声

高校思想政治理论课与基础教育阶段的思想品德课和思想政治课最大的区别就在于突出"理论"二字。科学的理论是正确行动的先导，也是统一思想、凝聚共识的基础。高校坚持以科学的理论引领大学生的理想信念，是培育新时代青年的必然要求。首先，高校要坚持对大学生进行马克思主义经典理论的教育。马克思主义理论是一个涵盖了政治、经济、文化、军事等的科学理论体系，大学生学习马克思主义经典，有助于提升逻辑思维能力，树立正确的价值观念和道德理念。其次，高校要加强大学生对当代中国马克思主义、21世纪马克思主义理论的学习，坚持以习近平新时代中国特色社会主义思想铸魂育人。只有让真理武装大学生的头脑、指引大学生的理想，他们才能在融媒体环境下始终保持统一的思想，补足精神之"钙"，练就"百毒不侵"的坚强意志。

除贯彻理论引领这一显性教育外，润物无声式的隐性教育也是不可忽视的环节。高校思想政治教育要凝心聚力，各显神通，搭建"三全育人"的良好氛围，既要有惊涛拍岸的声势，也要有润物无声的温度。提倡高校进行润物无声式的隐性教育并不是要开设一门新的课程，而是要将思想政治教育融入学校的教育教学和学生生活的各个环节。融媒体的迅速发展，大大提高了隐性教育的覆盖面，要通过间接性、灵活性的网上议程设置，利用一定的载体和环境气氛的烘托，让大学生熟悉的融媒体在不同领域、不同主题、不同渠道上巧妙地提供信息和安排议题，用贴近学生的话语吸引受教育者的注意，真正达到"随风潜入夜，润物细无声"，从而占据网络舆论阵地主导地位。

5. 坚持立足学生、精准定制

高校思想政治教育要贴人心、接地气，在关心人、帮助人中教育人、引导人。高校在进行思想政治教育时要充分尊重学生的主体地位。只有充分发挥大学生的主体性和能动性，真正从思想上引起学生共鸣，才能使学生从心理上接纳思想政治教育，做到"内化于心、外化于行"，提高思想政治教育的实效性。在多元价值文化环境下成长的新一代大学生，主体意识不断强化，传统思想政治教育的僵硬灌输、制度约束等限制学生独立意识的说教已经不能满足学生的主体性诉求。高校要创新教育手段和方法，教师要做到因事而化、因时而进、因势而新。在教学内容的选择和教学方法的制定上，既要遵循思想政治工作规律，又要遵循学生成长规律，体现受教育者主体地位。

当前，基于算法推荐的个性化推荐服务已广泛应用到商业资讯、新闻娱乐、社交网络等各个领域，虽然带来了一些负面影响，但是高校可以取其精华，去其糟粕，利用个性化推荐技术打造个性化思想政治教育。首先，可以通过大数据技术对教学数据进行分析，以便有针对性地解决教学过程中出现的问题。智能化的课堂、线上网络课程的普及以及信息化教学软件的应用，使得采集大学生的学习数据成为可能。通过分析学生的课堂参与度、话题讨论度、答题正确率、教学自评与互评环节等，可以及时分析出课堂在某些方面可能存在的不足以及学生对知识的掌握程度，以便对症下药。其次，除了对已经存在的行为进行分析外，还可以利用大数据技术分析学生的态度倾向，对未发生的事情进行精准预测，以便高校实施舆情监控、课程设置。利用数据样本动态性特征，及时监测数据变动趋势，搜集学生思想和行为维度的数据，并且进行同类聚合，不仅便于教育者进行因材施教、量体裁衣，还可以抓住苗头性、突发性问题，积极应对，主动作为。需要注意的是，在利用融媒体进行精准化、个性化思想政治教育时，要把握界限，制定严格的管理制度，不可侵犯学生隐私，同时也要注意规避信息茧房的负面效应。

（二）体系转换提升大学生思想政治教育效果

1. 学科体系向科学化、精细化转换

融媒体时代，在社会信息化语境下的高校思想政治教育正面临严峻挑战。传统的高校思想政治教育一度存在泛政治化的现象，方法单一、内容枯燥。随着新媒体的不断发展，大学生可以快速且便捷地接触各种信息，这在一定程度上使传统思想政治教育效果大打折扣，而且可以预见的是融媒体将在相当长的一段时间内持续影响大学生的日常生活。如果高校思想政治教育继续安于现状，那么必将走下坡路。因此，从整体看，高校思想政治教育学科体系还需要继续在科学化、精细化上下功夫。

思想政治教育作为马克思主义理论一级学科下的二级学科，学科的建设思路、方针和未来规划，都要在马克思主义理论的科学指导下进行。网络思想政治教育作为思想政治教育的一种新常态，不是网络与思想政治教育的简单相加，而是深度融合。要强化学科协同效应，既要在网络思维下指导思想政治教育，又要用思想政治教育培育互联网的价值引导功能。这就需要教育者既掌握马克思主义基本原理、思想政治教育基本原则和方法，又具有互联网思维和基

本的网络技能。在这种交叉学科的支撑下，科学推动融媒体时代网络思想政治教育的深入研究。

随着融媒体的继续发展，网络思想政治教育会表现出更多的特殊性，单纯将网络思想政治教育作为一个研究领域将会越来越不能满足深入研究的需求。虽然当前网络思想政治教育距离作为一门独立的学科还有一定距离，但是经过二十余年的发展，网络思想政治教育已经积累了一些学科成立初期的基本要求。今后一段时间，网络思想政治教育要以学科思维为指导，将研究实践问题与理论问题并举，加强网络思想政治教育基本范畴、基本矛盾和特殊规律的研究，建构网络思想政治教育的原生性话语，整体推进网络思想政治教育的发展。

2. 教材体系向开放化、现代化转换

融媒体时代，信息技术的迅速发展使得知识的获取、共享变得更加便捷，教材不再是知识的唯一来源。高校思想政治教育要更加重视利用现代教育资源促进教材体系的优化，在坚持教材体系科学性、教育性的基础上向开放化、现代化转换。

思想政治教育教材不能局限于理论领域，也不能过于强调政治性，要把握适度原则，否则将会引起学生的反感情绪。高校要善于从大学生的日常生活中发掘思想政治教育元素，不拘泥于书本教材，要选取生活实践引入教材。一方面，高校可以发掘当地的优秀传统文化资源或红色资源，将其与思想政治教育结合起来。当前，高校普遍使用的思想政治教材都由国家统一编写，缺乏地方特色文化的融入。将地方优秀思想政治教育元素融入思想政治教材，不仅能丰富思想政治教育内容，也能激发学生学习地方文化的兴趣，发挥传统文化和红色文化的价值。另一方面，高校还应该将日常生活中的重大热点问题融入思想政治理论课的教材。

融媒体为思想政治教育提供了丰富的教育资源，高校思想政治教育要积极引入一切有价值的资源对学生进行教育。首先，在教学过程中可以将相关内容以网络短视频等形式呈现，激发学生的学习兴趣。例如，在基础课课堂上，可以让学生观看习近平总书记在党的十九大报告中关于加强公民思想道德建设的讲话内容，也可以播放感动中国人物的故事或平凡人物的伟大壮举等，以此来促进学生对知识的理解和掌握，自觉践行社会主义核心价值观；在概论课课堂上，可以利用 H5、VR 等技术打造红色资源互动体验项目，提供沉浸式教学。其次，可以将网络热点问题引入教材，解决当前高校思想政治教材内容的滞后

性问题。大学生思维活跃、求知欲强,对网络热点问题大都抱有积极参与的态度,而网络热点问题也具有关注率高、影响范围大的特点。将网络热点问题引入思想政治教育教材,能够迎合大学生的口味,增强思想政治教育的时代感、鲜活性。在选择网络教育资源时,要符合社会主义核心价值观,紧扣思想政治教育的课程目标,引导学生辩证分析网络热点,融合教学内容、深入解读热点事件背后的本质,营造健康的网络舆论场。

3. 课程体系向立体化、协同化转换

近年来,全国各高校如火如荼地进行"课程思政"建设,构建以思想政治理论课为核心、专业课程为辐射的思想政治教育课程体系,取得了一系列新成果。融媒体时代,利用网络思想政治教育平台推动思想政治教育课程体系建设是打通全员、全程、全方位育人"最后一公里"的关键所在。高校要从育人阵地、育人结构等方面打造顶层谋划、媒体矩阵、全校协同的立体化、协同化思想政治教育课程体系。

第一,大学生是融媒体场域的重要参与者,高校要充分利用微博、微信、微站、微视频、微直播这"五微平台"融合线下课堂,打造全方位、多层次、立体化的课程体系。一方面,教育者可以在大学生熟悉的新媒体平台"跨越时空"便捷沟通,通过开通校园官方微博、微信公众号、专题直播课、易班平台等,实现课程评价、任务发布、师生互动、网络考试等。另一方面,网络丰富的课程资源是学生学习知识、拓宽视野的重要渠道。正确理解网络课程平台的作用和功能是实现网络育人的关键。高校要整合优质教学资源,将现有的优秀思想政治教育课引入网络平台,并利用线上公开网络课程资源,引入"双一流"高校的精品课程,达到网络课程资源利用的最大化。还可以邀请名师线上直播教学或进行网络互动,实现线上线下、课堂内外协调联动的课程体系。需要注意的是,不论是利用新媒体进行线上互动还是利用网络课程进行教学,网络平台使用不当反而会适得其反。这就需要教育者做好把关人,坚持对线上线下的课程内容进行专项审查。

第二,网络平台具有包容性和延展性的特点,可以容纳近乎无限的各类课程进入。高校要以网络为载体,以"课程思政"为指引,以"三全育人"为宗旨,充分发掘各类课程所固有的德育因素及思想政治教育资源并予以整合开发,改变传统的思想政治教育与专业课教学"两张皮"的现象,营造"大思政"格局。高校要高度重视哲学社会科学课程的思想政治教育功能,发挥此类课程在思想引领、人文关怀、价值塑造上的独特作用。高校要充分认识自然

科学课程蕴含的思想政治教育资源，在教学过程中结合不同教学主题，以合适的手段为学生传递科学精神与理性意识的价值指向，实现由"技"进"道"，知识传播与价值引领协同并举。高校党委要发挥提纲挈领的作用，对学校工作实行全面领导，承担管党治党、办学治校主体责任，把方向、管大局、作决策、保落实。坚持顶层设计、统筹规划、协调各方，把"课程思政"的网络平台建设提高到学校思想政治教育的重要地位，加强学校各部门之间的协调运行，推动一线教师、行政人员、学生工作者各司其职，开发各种网络思想政治理论课课程，建立健全"课程思政"资源数据库，实现协同育人的良好局面。

4. 话语体系向多样化、生活化转换

作为"衔着鼠标长大"的一代，当代大学生深受网络文化的影响，他们思维活跃、个性鲜明，足不出户就可以通过网络浏览海量信息、开阔眼界。传统的生硬化、程式化的思想政治话语体系，难以使教学内容入脑、入心，话语隔阂也使得教育者和受教育者之间难以形成全面、彻底的互动。因此，高校思想政治教育在坚持政治性和学理性的基础上重塑教学话语，已经成为当前迫切需要解决的问题。

首先，要注重创新，增强教学话语的生命力。话语体系不是狭义地指教师在课堂教学中使用的口语，还应包括书面语言、视频图像等多种话语形式，这些多模态的教学话语构成了传递教学信息的有效载体。在教学过程中，教师不仅要运用口语将理论知识形象地讲述出来，还要搭配融媒体技术利用视频、音频、动画、图片等多样化的教学话语，刺激学生的感官，开放学生的思维，甚至还要借助语气语调、肢体动作、表演艺术等辅助手段，通过声音的起伏、情绪的波动、动作的变化等将信息更好地传递给学生。这样不仅可以激发学生的学习兴趣，提高课堂的抬头率，而且可以实现从"抽象话语"到"形象话语"的转变，加深学生对所讲知识的记忆。教师要鼓励大学生通过融媒体积极、合理地参与话题讨论，表达教育需求。教师也要经常与大学生进行网络互动，了解大学生的真实想法和他们关注的热点问题，不回避社会热点，直面问题，用马克思主义的立场、观点、方法引导大学生在价值冲突中学会判断。教师要熟悉当下流行的网络文化和网络话语，密切关注网络舆情的走向，时刻为创新话语形式、提升话语沟通和交流能力做好准备。

其次，要以学生为本，增强话语体系的亲和力。要消除教育者和受教育者之间的话语隔阂，就要尊重受教育者的主体地位，转变教育者的话语表达方式，要贴近生活，构建新的以平等沟通和交流对话为基础的话语模式。大学生的日常生活真切地反映着他们的思想世界。思想政治教育就是要进入大学生的思想世界，回应大学生日常生活中的思想关切，有意识地对大学生进行思想引领，这也是思想政治教育展现人文关怀的过程。融媒体时代，大学生的日常生活离不开网络媒体，高校思想政治教育要以融媒体为中介和纽带，使用学生喜闻乐见的话语表达，融入学生的日常生活之中，做到"与众相同"而不是"与众不同"，要让思想政治教育不再"悬浮于空"，而是"回归生活""落地生根"。总而言之，教学话语的效果，要靠教育者和受教育者一同检验。做好"传"与"受"之间的话语衔接，使大学生"抬得起头""听得进去"就是对话语体系转换效果最好的验证。

（三）搭建立体化的思想政治教育传播格局

大学生思想政治教育必须顺应融媒体的发展趋势，主动汇聚资源，搭建多层次、立体化的思想政治教育传播格局，强化社会主义核心价值观的传播力、引导力、影响力。首先，推动媒体融合一体化发展。融媒体环境下，思想政治教育只有实现媒体融合的创新发展和转型升级，加快建设大学生思想政治教育融媒体中心、"中央厨房"，大力拓展媒体融合的广度和深度，才能有效解决校园网络媒体平台同质化发展问题，有效应对来自各类新兴媒体平台的冲击和挑战，实现媒介资源的有效利用和最有效的传播价值提升。因此，在大学生思想政治教育过程中，高校宣传部门要积极顺应媒体发展大势，推动媒体深度融合，改变原有的叙事方式和话语表达逻辑，积极推动传统校园媒体转型升级，打造"媒体融合一体化平台"，让正能量更强劲、主旋律更高昂。其次，高校要重视教育和引导，鼓励教师和相关管理部门的人员学习和掌握现代媒体技术。通过定期开展培训班和提供实践锻炼平台，引导他们将理论学习和实践锻炼紧密结合起来，不断提升他们的媒介素养，使他们成为运用现代媒体技术宣传和阐释社会主义核心价值观的行家里手。最后，推动媒体融合，探索建立融媒体一体化新阵地。面对新媒体技术日新月异的发展，巩固既有阵地、开拓新兴阵地是融媒体环境下优化大学生思想政治教育的必由之路。随着5G时代的到来，高校要依托网络思想政治教育资源做强短视频平台，利用新兴媒体如抖音、快手、微信等，打造具有高校特色的短视频传播组合拳，抢占思想政治教育宣传高地，推动思想政治教育话语载体实现一体化融合发展，进而不断增强大学生思想政治教育凝心聚力的育人实效。

（四）融媒体时代大学生思想政治育人方法定位的活态实践

高校思想政治教育必须依靠新媒体方法才能变得更加有成效，因此要注重媒介使用、教学评价、媒介监管等的活态化实践运用。

一是教育媒介由纸媒向融媒转变。传统的高校思想政治教育主阵地是"两课"，即马克思主义理论课和思想政治理论课，主要媒介是纸本，表现形式过于单一和低效。在"融媒体"的跨界"媒体融"思维影响下，媒介的范围和种类得到充分延展，从而出现了智能手机、iPad、数字电视等媒介形式，可以通过QQ（群）、微信（群）、朋友圈、微博、慕课等开展实效性更强的思想政治教育工作。融媒体方式思想政治教育充分考虑并极大地照顾了当代大学生的接受心理，构建出了主体、资源、方式、时空、技术等多维度协同创新模式，形成环境、目标、理念、效应等元素构建成的互动耦合机制的发展新体系，渐进式推进融媒体样态下高校思想政治教育工作的科学化、常态化和有效化。

二是教学评价由"成绩为王"向日常表现转变。改变传统思想政治教育教学评价模式，更多关注大学生日常融媒体方式的学习、生活的品行。在教学评价中，教师要充分发挥以学科专业体系性、逻辑性为主体向思想政治教育的针对性和时效性的模式转换作用，分层评价学生的思想政治成绩。同时还要关注大学生利用融媒体手段进行的理论知识的学习和日常表现是否和谐统一，可以采用在线答题、实时互动了解思想动态、在线提交论文等多元化方式将思想政治理论知识内化为基本素质内涵和行为习惯的效果。

三是媒介监管方式由结果性向过程性转变，即实现从对传统媒介的网络监管结果考量到取材于融媒体自身作用发挥的过程监管转变。大学生在网络媒介的行为直接反映了学校思想政治教育工作的育人成效。融媒体样态的影响良莠并存，且具有即时转化的不稳定性特点，造成融媒体方式思想政治教育过程中媒介使用监管制度出现制定难度大、执行难度大、见效难度大的"三大"难题。但是融媒体媒介具有自身实时监测和防护功能，因此，需要利用融媒体媒介全方位的即时互融性特点，发挥大学生的媒介使用作用及媒介功能的反作用，不断完善监管制度和使用行为规范，力求达到"在使用中监督、在监督中使用"的相互依存和制约的过程监管模式。

（五）融媒体时代大学生思想政治教育评价机制的对标效度检验

评价机制是检测、监督、矫正融媒体融合作用下思想政治教育工作有效性的重要保障。评价机制应以"三个结合"为主，即内容的绝对性和相对性的结合、指标的静态性和动态性的结合、方法的质性和量性的结合，因此，高校思想政治教育体系的评价机制也要与时俱进，做到三个结合。

一是评价内容注重绝对性和相对性结合。思想政治教育内容的绝对性是对传统思想政治教育基本内容的固守和坚持，是思想政治教育教学大纲的完整展现，但会造成一定程度上思想政治教育灵活性和受众性的缺失。融媒体"融合"下实现思想政治教育内容绝对性与相对性评价标准的有机结合，体现了"不变而变"的辩证关系，既保证了融媒体融合优势作用得到充分发挥，又实现了教育内容固守与思变的科学统一。

二是评价指标注重静态性和动态相结合。传统评价指标，包括既定的思想政治教育政策、制度、内容等，该评价指标守住了"底线"和"本原"，是静态的规范体现，但未考虑到思想政治教育发展的客观因素作用下的不确定性，具有一定的限定性和不合理性。而作为主要客观作用因素的融媒体的出现，使得思想政治教育方法和载体等因素凸显出重要的地位和作用，思想政治教育因而会变得更加灵活有效。因此，在融媒体方式思想政治教育新样态下，必须突破传统静态的线性发展考量，转向动静结合的多维考量，实现多维度、立体化作用模式。

三是评价方法注重质性和量性结合。质性评价重点是以人为本，注重将大学生在教育过程中的接受反应作为评价方法的选择依据，当然也难免会出现感情用事的负面干扰。量性评价聚焦的是学生受教育结果的有效性，通过教育结果采取相应的评价方法，忽视了人本性执行过程，具有一定的机械性和被动性。质性和量性结合的评价方法兼顾了执行过程人本性及教育结果有效性的综合考量，充分发挥了融媒体方式思想政治教育的融合作用优势，使得新思想政治教育变得不仅有力度和深度，更有温度和质感。

三、高校思想政治教育媒介素养的提升

就现实而言，媒介素养教育在大学生思想政治教育过程中的实践效果并不尽如人意，存在一些亟待解决的问题。高校应当紧紧围绕"以师生为中心"的教育理念，寻找切实可行的解决措施，促进高校师生媒介素养的提升。

（一）强化教育客体对媒介素养教育重要性的认识

在融媒体时代下，开展媒介素养教育，首要的任务就是引导大学生树立媒

介素养意识，认识到媒介素养教育的重要性。只有这样才能从根本上端正学习态度，增强媒介素养意识，并能够积极主动地去了解、认识、学习媒介素养知识，而不是被动地接受，这在一定程度上影响媒介素养教育的学习效果。因此，融媒体时代的高校思想政治教育必须重视大学生的媒介素养教育的作用，把握其积极因素，利用媒介为高校思想政治教育服务，增强思想政治教育的教育效果。

首先，媒介素养教育能够满足大学生个性化发展的客观需求，不断助力大学生的全面成长成才。在融媒体时代，丰富的媒介信息与多样化的传播手段，都不受时空限制，随时随地即可获得海量的信息。这就要求大学生必须提高自身的媒介文化知识，增强对媒介信息的辨别能力，形成对负面媒介信息的抵制能力。同时，大学生通过媒介素养教育，可了解并学习媒介素养知识，掌握其主要应用方式以及明确媒介传播信息的作用与意义；加深对媒介生存发展环境的认识，了解其背后各种综合因素，进而深入地分析媒介信息的生产过程与传播路径，认识媒介对受众的操控能力；同时，学会对媒介的触碰必须具有选择性，利用媒介进行自我服务与提升。

其次，媒介素养教育能够促进大学生综合素养的培育，提高大学生的创新能力。21世纪是知识经济的时代，需要培养具有创造精神、创造能力的大学生，以适应社会发展的需要。因此，在媒介迅猛发展的融媒体时代，媒介素养教育对大学生创新能力与综合素养的提升具有积极的作用。主要表现有两点：其一，大学生创新能力的培养也需要与时俱进，紧跟时代发展的步伐。在如今这个信息技术迅速发展的融媒体时代，大学生必须具备对信息分析、解读以及整合、开发的创新能力，与此同时，也要不断学习与信息技术、媒介传播等相关的学科，增强自身的媒介素养，提高媒介信息的应用技能，这也是融媒体时代发展的客观需要与大学生创新能力提升的前提与保障。其二，大学生对媒介知识的学习、对媒介信息的判别与分析、对媒介的选择与应用，都会影响他们的价值观形成以及学习生活的其他方面。因此，媒介素养教育不仅是大学生学习能力的基本体现，更是一项生活技能，实现终身学习的基本素养，只有树立媒介素养终身学习的意识，大学生才能够具备高度责任感与使命感，才会在海量复杂的信息中明辨是非、分清对错，进而提升自己的综合素质，做一个高素质的复合型人才。

（二）积极增设专门的媒介素养教育课程与平台

媒介素养教育课程必须进入高校的课程教育体系，帮助大学生在面对不良媒介内容时具备一定的抵抗能力，树立自我保护意识。或让其成为大学生的一门通识课程，让课堂成为大学生媒介素养教育的主阵地。与此同时，高校思想政治教育工作者依托融媒体，发挥网络优势，增设媒介素养教育的载体平台，使媒介素养教育知识与资源在较大的空间范围内发挥更大的作用，以便于更多受众的学习与分享。

第一，增设媒介素养教育课程，构建大学生媒介素养教育的内容体系。融媒体时代，媒介传播方式与手段呈现多样化特征，媒介内容良莠不齐，大学生往往很难对其做出正确的判断与分析，这就需要开设相应的媒介素养课程，提高学生辨别、评估虚假信息的综合能力。

对这一课程的开设，高校必须做到从学生实际需求出发，丰富并完善媒介素养内容，建立健全媒介素养课程体系。它的内容体系主要由媒介知识、媒介应用的技巧与能力、媒介行为道德与法治等几个方面构成：一是媒介知识。这部分教育内容主要使学生掌握媒介的基础性知识，进而对媒介的整体性环境有一定的了解。其具体包括各种传播媒介的类型与特点。不同类型的传播媒介所承担的主要任务是不同的，进而产生的内容也有所不同。学习这些知识，有助于大学生了解媒介形态的发展历程、传播规律、运行特点、信息生成与传播，了解媒介是怎样对我们的学习与生活产生深刻影响的。二是媒介的应用技巧。融媒体时代的媒介形态与信息呈现多元化特征，在为大学生提供各种快捷与便利的同时，也极易促成大学生的选择困难，因此，就必须形成媒介应用技巧的相关课程内容，帮助大学生更加准确、巧妙地利用媒介，服务自我。三是需要重视培养大学生的媒介应用能力，提升媒介行为的道德及法治水平。它主要涉及媒介信息的选择与分析能力、媒介信息的加工与生产能力、传播与管理能力以及规范自身行为、维护合法权益的能力等。在融媒体时代，部分大学生缺乏对信息的甄别能力与对负面效应的抵抗能力，由此产生不良网上行为，如对一些不良的虚假信息偏听偏信，甚至进行"二次加工"盲目地转发与传播，编造虚假信息，对他人造成伤害等。这些负面效应不只是媒介传播的负面功能所产生的，更是因为受众的媒介道德水平低下、行为失范而造成的。所以，应在大学生媒介素养教育课程中加入道德与法治的教育内容，帮助大学生强化道德意识与法律意识，规范自己的言行，净化媒介环境。

第二，有针对性地开设媒介素养教育课程，将其纳入公共必修课程或通识教育课程，举办相关主题活动。媒介素养教育课程的开设，旨在培养与提高大学生的媒介素养与综合素质。因此，要想实现这一目标，就必须依据高校自身情况，采取具体可行的措施与方法。一是可以在各种条件与设施都相对成熟的高校，开设面向全校大学生的媒介素养教育公共必修课程。二是可以通过开展一些以各类媒介形态为主题的活动，举办一些移动网络为主题的校园实践活动，或组织更多的多媒体展览活动以及有关于融媒体的讲座，帮助大学生更加深入地了解媒体的类型、特征及作用，树立正确的媒介环境意识，提高自身媒介素养。三是可以利用融媒体的网络优势，开设媒介素养教育平台。融媒体具有速度快、范围广、更新快、互动性以及共享性强等特征。所以，媒介素养教育的内容与资源可以通过它进行有效的传播，如开展与媒介素养教育有关的活动，设立相关的主题教育网站，建立媒介素养教育的分享平台，以供更多的学生与教师使用，同时，也扩大了媒介素养教育传播的范围，提高了传播的时效性。

（三）有针对性地构建媒介素养教育的内容体系

提高教育者的媒介素养，是提高教育者综合素养的一个重要层面，不仅是思想政治教育质量提升的重要保障，而且也是融媒体时代高校思想政治教育创新发展的必要条件。

首先，要增强教育者的媒介意识与认知能力。教育者媒介意识的提高，主要是指教育者对媒介的类型、特征以及作用的关注度与敏感性，要培养自身对媒介的敏锐度、观察力，而不是被动地接受与传播，要主动将媒介素养意识与自己的教育工作结合起来，形成联动的统一的整体，而不是将二者割裂开来；同时，又要提高对媒介功能的认知度，比如对"环境监视、社会协调、社会遗产传承"等正面功能的认知以及其他媒介功能的认识，意识到媒介素养教育对教育者的发展、教师工作的发展与创新都有着不可替代的作用。其次，培养教育者多层次的媒介素养能力，主要涉及三个方面：一是了解与认识媒介，探索媒介的特点与作用，进而加深对媒介素养教育内容的学习，在此基础上，教育者需要掌握在教育过程中基础媒介工具的使用，如 PPT 的使用，音频、视频的播放等；二是在使用媒介教学的过程中，学会辨析媒介的特点以及发展与使用规律，并在此过程中，与自己的学科特点与规律进行比较，批判性地认识不同媒介的作用；三是要加强自己使用媒介的主导性与主动性，积极利用媒介，增强媒介为我所用的理念，而不是逃避使用媒介，或被媒介引导与支配。

其次，要加强媒介素养教育的师资培训，建设一支适应岗位需要、综合素质过硬的强有力的师资队伍。一是将部分相关专业的教师集中起来，进行在岗集训与进修，并将这些培训模式进行推广，或者将其制度化、规范化，成为教师专业发展中的组成部分；二是不断丰富并完善思想政治教育体系内容，加强媒介素养内容的学习，同时将培训形式与内容相结合，实现常态化、持续性学习，而对于师资培训的频率与时间，应纳入考核的标准，激励他们不断探索，勇于创新，并不断积累经验，提高媒介素养水平；三是教育者需要深入了解大学生的网络话语体系，具备较强的媒介信息判断与评估的技能，同时也需要具备较强的网络交往能力，与大学生互动交流，掌握其发展动态，并进行有效的引导，实现高校思想政治教育的有效性。

（四）建立科学完善的媒介素养教育的工作机制

媒介素养教育的顺利开展离不开工作机制的保障，这也体现了融媒体时代高校思想政治教育不断探索发展的内在要求。只有媒介素养教育机制与相关体系不断健全与完善，媒介素养教育才会更加扎实、更加有力。

第一，政府及相关教育部门应重视媒介素养教育，并建立引导机制。我国的媒介素养教育相较于国外，起步较晚，尚缺乏足够完善的政策、文件的支撑与引导，就某种程度而言，媒介素养教育并没有在实际的应用过程中引起广泛关注与高度重视。基于此，相关部门与机构应建立相关的媒介素养工作机制，建立相关的学习机构。增强媒介素养教育的吸引力与创新性，推动媒介素养教育的发展。一是政府通过出台相关的政策与规定，将媒介素养教育规范化、常态化。将媒介素养教育纳入高校的教育体系与课程体系中，同时通过出台一些明确、权威的文件，为加强媒介素养教育的理论研究与实际应用提供一定的支撑与引导，调动高校媒介素养教育的主动性与积极性，为大学生的媒介素养教育提供一定的政策支持与保障。二是政府需要创建良好的媒介素养教育环境，提高网络监管的力度。良好的媒介素养教育环境有利于大学生媒介素养教育的培养和提升，政府要加大对网络监管的立法力度，保障主流媒体的规范化与权威性，发挥正面的导向功能；同时，加强网络监管的专项研究，严格规范程序，完善网络监管的法律法规，在提高网络管理人员法律意识的同时，也为受众提供相应的法治教育契机，拒绝法律的盲区。三是教育部门应积极制定相关的实施策略、学习纲要、机制体系，提高大学生的媒介素养。增加大学生媒介素养的物力支持与师资力量，同时提高校园网络的监管力度，并将其制度化，确保校园网络的安全性，提高网络信息的教育性。相关教育部门要积极采取有效的措施，利用一切可利用的资源，为媒介素养教育提供高效、优质的服务。

第二，建立各学科之间的媒介素养教育协调机制。媒介素养教育与高校思想政治教育一样，都是整体性、系统性的一项育人工程，不仅需要跨学科之间的学习交流，更需要部门之间的相互协调与配合。媒介素养教育实际上包括思想政治教育、教育学、传播学、新闻学、心理学以及社会学等多个学科，在对大学生媒介素养教育的路径的探究与优化过程中，不仅要学习探究新闻与传播领域，而且还需要加强与教育学、传播学、心理学以及思想政治教育等领域的交流与合作，协调借鉴并学习各学科的理论知识与实践方法等，进而提升大学生媒介素养教育的质量，优化媒介素养的内容，完善媒介素养教育的协调机制。

第三，高校应建立健全各部门之间的协调机制，将学校的宣传部门、教务处、团委以及后勤保障等各个部门调动组织起来，做好统一的安排。积极建立协调工作机制，不仅在制度与文件上要进行规范，给予支撑与激励，还要在物力、财力上提供保障，给足经费，落到实处。同时，相关工作人员针对学生实际需求制定具体可行的实施方案与计划等，要求各部门有详细的媒介素养教育方案，制定相应的检查与评估体系，并且又要具有统一性与整体性，不能自说自话，处于无序状态。只有将媒介素养教育与各部门之间的协调与配合联动起来，才能使媒介素养教育规范化、科学化，媒介素养教育发展才能更加全面。

（五）倡导大学生文明运用媒介的自我教育实践

在融媒体环境下，要充分发挥教师、党员、社团等组织教育引导作用，调动学生积极性，倡导学生自我教育、自我管理。第一，要利用好社团、党团等学生频繁接触的组织形式，让学生在熟悉的环境中进行自我教育、自我管理。例如学校开展元旦晚会主题活动并与融媒体相结合，吸引大学生积极主动参与到活动中，使他们可以更深层次地了解传播媒介，在理论与实践相结合的过程中提高自己的媒介素养。第二，学校要出台相关的媒介管理制度，加强大学生自我教育。对于沉迷网络而荒废学业、发送骚扰短信和诈骗邮件、盗窃他人账号骗取财产的学生，学校应该给予严肃的纪律处分。与此同时，对于那些遵纪守法的学生要给予相应的表扬和奖励。大学是大学生形成正确人生观的关键时期，学校出台相关媒介管理制度不仅可增强大学生自律、自主意识，还可培养他们诚实守信等好习惯。

第五章　融媒体视阈下高校思想政治教育的改革创新

第一节　高校思想政治教育传播技术的突破与改革

互联网的快速发展与普及推动了融媒体的跨越式发展，加速了新媒体与传统媒体的融合，以实现资源共享、内容互融、传播协作和效益分享。新媒体的发展为大学生提供了多样化的信息交流平台，在这样的环境下，大学生能够接触更多信息。但开放的媒体环境也带来了更多不同的思想文化及价值观，放大了各种社会矛盾，这些问题相互叠加，并且集中呈现。信息接收和散布渠道越来越广，给高校思想政治教育工作带来了更多挑战。新媒体为大学生提供了平等的信息获取通道，信息的获取畅通无阻。商业社交媒体的更新换代，帮助大学生随时随地方便地与他人交流沟通。各种新媒体平台的涌现，成为大学生展示自我、表达自我的媒体工具。移动通信工具性能的不断提升，让这些功能愈发变得触手可及。同时，信息的丰富性带来了可靠性危机，交往的便利性带来了诱骗的问题，传播的随时性带来了造谣的风险等。媒体是由人创造的，媒体也创造着人。高校思想政治教育营造的融媒体思想政治环境，很大程度上影响着大学生的健康成长。

一、融媒视阈下高校思想政治教育传播方式的创新

科技发展日新月异，迭代更新极快，新的传播方式已经通过新科技的运用呈现出新的生机和活力，高校思想政治教育不仅需要发挥自己的传统优势，也要利用新技术做好新时期的传播和分发工作。随着新生产力的获得，人们改变了自己的生产方式；而随着生产方式与生活方式的改变，人们也就会改变自己的一切社会关系。融媒体时代的高校思想政治教育必将改变传统教学模式中

"教师讲""学生听"的"主动"与"被动"局面，教师要从"给学生一碗水自己就要有一桶水"的以"教"为中心的传统观念，转变为和学生一起在互联网事件中"寻找源头活水"的以"学"为中心的新观念。教育者只有不断在融媒环境下学会学习、学会生长，才能更好地和学生打成一片，才能获得学生的信任，获得学习的流量，思想政治教育才会在融媒体平台上发挥应有的效应和作用。

高校思想政治教育工作者在融媒体时代要树立学生用户意识，就是不仅要把学生看成教学的对象，也要作为服务的对象。只有把学生理解成媒体用户，才会在主题选择、内容编辑、呈现形态、互动方式等方面更好地满足学生日益多样的发展需要。

信息化 2.0 时代的互联网思维强调，互联网不仅是技术，更是一种思维方式。互联网思维包含着丰富的内涵，其中以用户思维为重要内容。用户思维，是指在价值链各个环节中都要以用户为中心去考虑问题，就是要站在用户的角度去设计产品，提供服务。随着信息时代的到来，万物皆可互联的今天，世界变得更加开放，每个人都能随时随地享有畅通无阻的信息资源，人们和信息的关系由过去的被动接收变为自主选择，用户成为互联网世界的主人，用户思维成为互联网思维的核心内容。在教育领域，知识不再只是掌握在教师手中，教师也不再是知识的唯一权威，信息化时代教师的地位和作用面临越来越多的挑战。

当前，不少教师在思想政治教育工作中缺乏用户意识，在互联网上没有把学生当作互联网用户来思考，还是把学生当作传统的教育对象——被动接受知识的容器，学生往往参与率较低，活跃度不高，互动性不强，教学效果往往不尽如人意。虽然平台上和技术上都有了信息化、融媒体的元素，但教师却在理念和认识上没有信息化、互联网的灵魂，在思想政治教育工作过程中难以落实"用户价值第一""用户至上"等理念。因此，基于互联网思维的思想政治教育工作，必须在思维、方法、平台、技术等方面有焕然一新的改变。高校思想政治教育应该把服务和满足学生全面发展放在第一位，站在用户需求的立场开展思想政治教育工作。在开放中服务用户求知，在平等中体现用户尊重，在互动中提高用户关注，在协作中激发用户活力，在共享中丰富用户生活。

以交互式思想政治学习驿站为例。交互式学习驿站是一种集传统媒体技术与新媒体技术于一体的学习平台，是一个集成器，访问者不仅可以阅读传统的报纸和杂志，也可以浏览视频，还可自由发表意见，能与管理者或其他访问者形成交流互动、进行沟通，进而能够通过这些行为参与驿站内容建设并影响驿站作用发挥。简言之，它是一种具有高技术性能和丰富内容的集成网站，但又不仅仅是网站，在这里能够实现使用者的交流互动。特点是以访问者为中心，充分发挥访问者的积极性，在建设管理、线下工作等方面以公开化、民主化的方式和途径听取用户的意见，接受用户的建议，促进本职工作更好地开展，同时通过积极互动，将管理者的认识和思考有效地传递给用户，这会提高使用者访问的兴趣。通过大数据分析用户或者访问者的浏览兴趣、点击量、反馈信息等，有利于交互式驿站创新主题、完善内容、不断改进工作和提升实效，让交互驿站成为满足大学生用户以及其他受访者学习、生活、工作的重要媒体参考和指导。

随着时代的变迁和科技的进步发展，融媒体传播渐渐成为常态，这也为思想政治教育提供了更多的呈现方式，思想政治教育不断以更加亲切、有趣、易懂的姿态走进学生，这些变化是融媒体时代带给思想政治教育的惊喜。在主流媒体紧跟时代，大胆运用新技术、新机制、新模式，加快融合发展步伐的今天，高校思想政治教育也要与时俱进，实现媒体融合，促进舆论宣传效果的提升。由传统媒体平台创新求变发展而来的融媒体平台开始逐渐成为高校思想政治教育的主要宣传途径，对青年大学生的思想观念、价值选择和行为方式产生了重要的影响。高校思想政治教育要勇于创新，在新闻采集、内容制作、传播路径等方面做好建设和创新，积极创建微信、微博、手机 APP、校园报、大学慕课系统等各类新媒体平台，致力于提供满足大学生发展需要的各种参与式、互动式、体验式的信息服务，实现思想政治舆论传播的全方位覆盖、全天候服务、全领域渗透，推动党和国家的好故事、好声音向大学生经常使用的各类客户端终端推送，努力占领新的舆论阵地。

新时代、新时期，新发展、新目标，新对象、新需要，这些都要求我们高校思想政治教育与时俱进，不断创新。

二、融媒视阈下高校思想政治教育方面的融媒体建设

高校思想政治教育在融媒体时代面临着一系列机遇和挑战，这就需要每一位思想政治教育工作者认清形势、直面困难、敢于挑战。网络是一把双刃剑，其爆发式传播如果利用不好，就会对舆论场造成很大的负面影响甚至难以预见的危害。这就要求我们高度重视融媒体时代信息传播的负面影响力，时刻保持警惕，加大对负面信息的研究和管理，以及对负面信息所造成伤害的防范，把负面影响降到最低。这也对高校思想政治教育在融媒平台上的工作提出了更高

的要求，那就是要时刻保持信息的及时、准确、科学，否则稍有不慎，信息就会被别有用心的人曲解、篡改、抹黑、恶意攻击等，造成不良影响。高校作为主流意识形态的重要阵地，应该自觉地把自身的媒体角色纳入主流媒体的大局，要认识到高校思想政治教育关系着社会舆论的健康发展，要认识到青年大学生在互联网用户中占据的重要地位和作用，因此绝不能忽视高校的融媒体建设，要坚持科学发声，坚持正面引导，更要坚守政治立场。主流媒体守土有责，更要守土尽责，敢于引导、善于疏导，牢牢掌握舆论场主动权和主导权。

高校要用大学生喜闻乐见的新媒体新技术来实现高校思想政治教育的创新开展。要充分利用5G、人工智能、大数据等新技术，重新定位校园媒体的发展战略，把媒体的思想政治性与服务性、娱乐性、互动性有机统一起来，统筹管理，做到真正的融合。融媒体时代，高校思想政治教育需要整合校内各工作单位、各媒体平台，积极建立健全适应媒体融合的体制机制，建立党委领导下的现代融媒或全媒体中心平台，促进资源整合和整体效果优化，激发各类思想政治教育工作组织机构活力，形成合力，提升宣传实效。高校也要加强融媒体运营的人才队伍建设，提升融媒体生产和服务能力；不断整合高校媒体人群，细分目标用户，利用微信、微博、客户端等新媒体平台搭建舆论引导和新闻传播新平台，搞好差别化、个性化信息服务。更重要的是，高校的融媒体建设实践应着眼于用户的需求，从用户体验角度出发，通过平台建设规划、平台技术策略、采编运营团队组建以及平台运营路径四个层面，合理布局，整合资源，提升人才的融媒体素质，利用高效的融媒体中心系统，高效运营，深层次开发。

第二节　高校思想政治教育内容结构的优化与创新

在媒介发展的历史中，每一种媒介形态的产生，每一次科技革新的发展，都意味着媒体传播格局的重大转换。媒介形态的变迁，既是传播途径的变化，也带来了传播内容和传播关系的重大变化。融媒体时代，各种媒体的融合必然促使思想政治教育信息传播内容的优化。因此，教育者应更加注重信息传播的内容质量，把"内容为王"作为传播的标准。高校思想政治教育工作的融媒体建设要牢牢抓住自身在内容创作上的权威性、科学性、可靠性，以过硬的内容质量为大学生的生活、学业保驾护航。

一、融媒视阈下高校思想政治教育内容结构优化的原则

融媒体时代高校思想政治教育具有更加复杂多变、多元共生的时代内涵，高校思想政治教育的内容和主题需要与时俱进地进行调整、优化和创新。尤其是近几年随着我国传播技术的高速发展，社会经济文化转型加剧，青年大学生的个人期望与社会要求之间既有矛盾也有协调统一之处。高校现有的思想政治教育无论是教育方式还是教育内容，都难以满足青年大学生日益增长的知识、信息和素质提升的需求。因此，高校思想政治教育要实现内容结构的优化，在融媒体时代做出符合社会发展需要和个人成长要求的改变，需要遵循以下几个原则。

（一）理论和实践相统一原则

由于融媒体时代学生思想状况的复杂性、需求的多样性，无论是高校思想政治教育内容结构优化的理论还是实践，都必须基于长期观察和实践反思，坚持从实际出发，实事求是。

首先，融媒体时代高校思想政治教育内容的结构优化要切实反映当前社会的现状与发展要求。思想政治教育的内容要取材于社会现实并按照现实生活的逻辑予以展开，引导学生在社会现实中把握大是大非、善恶美丑，累积人生智慧和认识自身的社会责任，以此构建兼具现实价值和理性力量的高校思想政治教育内容结构优化体系。对于思想政治教育内容基本的理论问题，我们需要把抽象的道理具体化，使之更加容易与青年大学生的生活实践产生共振。高校思想政治教育内容结构和主题选择优化要基于当代大学生的个性特征及思想认知特点。高校需要把思想政治教育内容关注的群体对象由抽象的人转成具体的人，从普通的人转向兼备共性特点和个性特色的具象之人。思想政治教育必然要关注青年大学生具体个体的成长、生存与发展的现实需要，尊重学生差异，秉承多元化价值理念，实现对学生的教育引导。同时，高校思想政治教育的内容优化要正面回应、积极应对大学生关注的热点、焦点、难点问题，并善于把这些问题、难题讲透、讲明白，以鲜明生动的方式解决青年大学生政治认识和思想价值方面的问题，帮助青年大学生在纷繁复杂的信息爆炸中找到立足点、方向感、向心力，让高校思想政治教育工作的融媒体平台成为大学生靠得住、可信赖、能转发、有帮助的媒体助手。高校思想政治教育内容需具有较高的可读性，贴近地域特色文化、校园文化的特点和学生群体的特点，内容范围要

广，表达方式要丰富多样，语言要生动接地气。

其次，高校思想政治教育的内容要通过教育实践不断进行补充、修正和完善。实践是检验真理的唯一标准，高校思想政治教育内容结构优化必须在实践中接受检验并不断优化和完善。高校思想政治教育内容的结构优化要切实考虑大学生的实践现实，在自媒体大行天下之时，关注学生的现实学习、生活实践状况，尽可能地了解学生的生活实践，与实际情况贴近，满足当代大学生的生活实践需要。因此，在优化思想政治教育内容时，要树立精准思维，对准焦距、找准穴位，精准解决学生思想和实践中遇到的问题。高校思想政治教育的内容优化应通过对青年大学生进行价值引导来满足其发展需要，通过为青年大学生提供理论方法指导来满足实践需要。融媒体时代的精准发力就是高校思想政治教育改革创新的制胜法宝，不过需要了解的是，高校思想政治教育内容的结构优化并非盲目地不加辨别地添加新的思想政治教育要素。

最后，高校思想政治教育内容的结构优化要从大局出发，从整体出发，系统梳理、全面研判融媒体时代高校思想政治的政策环境，对现有的高校思想政治教育内容体系和传播能力现代化水平进行客观判断。这种判断应该观照到从国家、地方到高校以及高校内部的不同层面。加强和改进融媒体时代高校的思想政治工作，根据不同的需要进行思想政治教育内容优化改革，具体问题解决好了才能够真正做好融媒体时代的高校思想政治工作，才能推动高校思想政治工作实现全新的质的飞跃。这就需要研究现有的政策是否存在漏洞，从不同方面考虑问题，对现有政策从整体上进行梳理，对于不符合时代要求的地方要用一定的方式进行调整。同时，还要从思想政治教育规律以及人才成长的规律出发，全面掌握学生的思想状况，延伸利用大数据手段，分析深层影响因素，拓展渠道，优化供给，满足需求，激发学生内在的受教育动力。从精准提升学生思想政治素养角度出发，在"内容为王"的指导思想之下，分类分层分群施教，找好切入点，实事求是，确定相应的思想政治教育内容，推进思想政治教育精准供给，从而增强思想政治教育的理论性和实践性。

（二）个人和社会相统一原则

青年大学生开展思想政治教育，是我国建设中国特色社会主义现代化的重要组成部分和必然要求。因此，从思想政治教育内容优化的角度看，青年大学生个体发展与社会发展是统一的。

1. 高校思想政治教育内容结构优化要满足大学生发展的需要

时代的发展、社会的进步，对个人综合素质提出了更高的要求，迫切要求高校思想政治教育主动进行提升和优化。青年大学生综合素质的提升是高校思想政治教育内容结构优化的着力点，应在满足学生基本生存需要的前提下，引导学生成长为推动社会发展的力量。思想政治教育内容结构优化需充分尊重和发挥青年大学生的能动性。新技术中的大数据分析技术基于海量数据计算来进行特点分析和趋势预测，特别强调个体表现与所产生的现象之间的关联情况。大数据可以根据学生用户的浏览习惯、偏好、选择等数据进行分析比对，从而做出相应调整优化，整体和动态满足用户的焦点需要，更加合理地对思想政治教育的内容主题进行调整和创新。通过大数据，可以直观而精确地分析学生当前的思想动态，这样就使得思想政治教育内容的结构优化具有了广泛性和先进性。同时，可通过新技术对青年大学生的思想行为特点进行筛选和分析，针对不同个体或同一个体的不同阶段，分层、分类和分众进行教育内容的供给，增强思想政治教育内容供给的针对性及实效性。要做到这一点，在思想政治教育内容进行结构优化的时候，不仅要重视内容各要素之间的地位和主次，使内容结构更为合理，以提高内容供给质量；还要注重内容各要素之间的因果关系，善于发现内容不同要素之间的潜在关联，这样就可以避免片面单一的认知造成内容体系认知的不完整和结构的片面化，使思想政治教育内容的结构更加合理与完善。高校思想政治教育内容如果能够达到可以为青年大学生驰骋思想打开浩瀚的天空，可以为青年大学生的理想实践搭建广阔的舞台，可以为青年大学生的人生塑造提供更好的机会，可以为青年大学生梦想的实现奠定求真务实的态度，这样的思想政治教育内容结构优化才是成功的。

2. 高校思想政治教育内容的结构优化要满足社会发展的需要

实现中华民族伟大复兴是近代以来中华民族伟大的梦想。这是中华民族在经历了多少年的苦难之后仍然屹立世界的精神动力和精神力量，也是中国社会在新时期的目标追求和时代要求。首先，高校思想政治教育内容结构优化应满足现实社会发展的需要，能够解决时代发展中青年大学生所面临的困惑。作为高校思想政治教育主力的思想政治理论课教学，对于大学生形成世界观、人生观、价值观有着重要影响，发挥着思想理论引导、核心价值培育、精神品格铸就和人文素质滋养的重要作用。一个国家的哲学社会科学学科体系和教材体系建设的能力和水平，是国家综合国力，特别是文化软实力的集中体现，也是一个国家树立文化自信的基础和根据①，同时也是推动高校思想政治教育工作改革创新的重要支柱。其次，在进行高校思想政治教育内容结构优化的过程中，要始终坚持服务国家、服务社会的原则。高校思想政治教育内容的选取必然受到社会客观条件的制约，时时面临着个人价值与社会价值的矛盾和选择。在面对社会价值与个人价值取向的矛盾时，应开展社会主义核心价值观教育，使青年大学生正确理解国家和社会与个人发展的关系，学会从大局出发，正确处理好社会需要与个人需要之间的关系。

青年大学生作为高校思想政治教育工作的受众主体和对象，个体发展的现实需求是天然的诉求，是其主观能动发展的不竭动力。我们应该对以往的思想政治教育内容中那种"过分放大社会发展需要，否定个人发展需要"或者"过分突出个人发展需要，排斥社会发展需求"的思想进行纠偏，不能片面地看待，不能突出个人发展与社会发展的矛盾，而忽视个人发展与社会发展的统一。在高校思想政治教育内容结构优化中，不能忽视个人主体发展的内在要求，否则改革创新将会寸步难行或者流于表面；也不能牺牲国家或社会的需求而迁就个体的种种需求。只有国家好、社会好，存在于其中的个体才会有一个好的环境去成长和发展。每个个人如果都能得到一个好的发展，那么国家和社会也会有一个好的发展。因此，在高校思想政治教育内容结构优化的过程中，需要秉持个人与社会相统一的原则。

（三）主观和客观相统一原则

坚持主观和客观相统一是马克思主义辩证唯物主义的基本观点。辩证唯物主义认为，主观依赖客观，客观决定主观，人的主观认识是客观现实的反映。人的认识是辩证运动，也是主观和客观在现实实践基础上的辩证统一。因此，主观认识必然要同一定条件、时间、地点下的客观实践相符合。如果客观实践具体过程已经开始向前推移，主观认识就该应机而动，随之转变。融媒体时代，科技发展已经达到一个前所未有的高度，人们已经迈入 10 多年前还不可想象的 5G 时代，如果主观认识仍然停留在原来的程度上，就会有保守主义错误的危机。因此，随着融媒体时代到来，高校思想政治教育内容结构进行改革和优化也是正当其时，这就要求高校一方面要坚持真理性认知，引导青年大学生正确认识客观规律；另一方面要厘清和明确国家的政治性要求，培养学生基本的政治素养。

---

① 顾海良. "双一流"建设要坚持以学科建设为基础［J］. 中国高等教育，2017，（19）：15.

1. 高校思想政治教育内容的优化创新要注重认知的真理性

高校思想政治教育的内容要能够正确反映客观现实的本质和规律。兼具客观性和真实性的高校思想政治教育内容要能够科学地研究社会现象以及一切事物背后的内在结构和本质联系，能够反映客观事物的本质和规律。高校思想政治教育的内容优化可以通过教育的实践经验不断进行补充、调整和完善，在实践中接受检验并不断优化和完善。高校思想政治教育内容的优化要与时俱进、实实在在，结合当代的时代特点和现实条件来进行。高校需要以兼容并包的态度来充分借鉴和利用古今中外的先进技术和文化，根据学生的思想实际来选择新的教育内容。思想政治教育需要在把握青年大学生共性的基础上开展个性教育，加强内容的针对性以找准每位学生的进步切入点、发展立足点，实现所有青年大学生思想道德素质的整体提升，以实现高校思想政治教育的培养目标。高校思想政治教育内容优化不能止步于理论，确定后就要去认真组织实施，同时根据实际情况和变化不断去调整和改进。

2. 高校思想政治教育内容的优化要注重政治性

思想政治教育目标的有效实现，取决于施教者是否了解受众群体，是否通达思想政治教育内容，是否理解青年大学生与其所生活的社会之间错综复杂的关系。充分解决这些问题，经过改革后的思想政治教育内容才可能最终实现真正的教育目标。首先，高校思想政治教育的内容必须坚持以政治性为根本。2018 年的《教育部关于印发〈新时代高校思想政治理论课教学工作基本要求〉的通知》明确指出，思想政治理论课承担着对大学生进行系统的马克思主义理论教育的任务，是巩固马克思主义在高校意识形态领域指导地位、坚持社会主义办学方向的重要阵地，是全面贯彻党的教育方针、落实立德树人根本任务的主干渠道和核心课程，是加强和改进高校思想政治工作、实现高等教育内涵式发展的灵魂课程①。需要指出的是，高校思想政治教育应当承载政治功能，但它却不是政治本身，倘若将思想政治教育的终极关怀政治化，形成政治教育内容占主导地位的内容结构体系，甚至将人的德行塑造等同于政治生活，则无疑是脱离社会实际的。

《新时代高校思想政治理论课教学工作基本要求》强调，鼓励思想政治理

---

① 教育部. 教育部关于印发《新时代高校思想政治理论课教学工作基本要求》的通知 [EB/OL]. (2022-3-20) [2024-06-10]. http://www.moe.gov.cn/srcsite/A13/moe_772/201804/t20180424_334099.html.

论课教师结合教学实际，针对学生思想和认知特点，积极探索行之有效的方法，自觉强化党的理论创新成果的学理阐释，努力实现思想政治理论课教学"配方"先进、"工艺"精湛、"包装"时尚①。思想政治教育的实践教学作为课堂教学的延伸拓展，重在帮助学生巩固课堂学习效果，深化对教学重点难点问题的理解和掌握。要制定思想政治教育的实践教学大纲，整合实践教学资源，拓展实践教学形式，注重实践教学效果。要积极使用融媒体技术，利用网络教学作为课堂教学的有益补充，通过融媒学习平台来引导学生学习思想政治教育的基本内容知识、基础理论等。

二、融媒视阈下高校思想政治教育内容结构优化的要求

（一）高校思想政治教育内容要体现时代性

时代问题是个宏大的背景问题，科学准确地剖析时代本质，是分析形势、制定政策、创新理论、推进实践的基本前提。时代性并不是抽象的概念，它是普遍性和具体性的统一、历史性和现实性的交融。高校思想政治教育内容的优化，必须准确判断时代特征和世界局势。融媒体时代，信息的海量与复杂、资源的共享与开放、交往模式嬗变等情况错综交织，高校思想政治教育内容应该结合时代特征、发展趋势进行调整重组。一个时代有一个时代的问题，一代人有一代人的使命。中国特色社会主义正进入新时代，行进在历史长河的交汇点，面临着历史上前所未有的境遇，思想政治教育的内容绝不能回避如此重大而紧迫的时代课题。当前，国内外形势变幻莫测，各种情形正发生着无比复杂的变化，对国家的治国理政考验前所未有。对学生来说，了解并清楚中国从哪里来、中国应该往哪里去、中国现在处于什么历史方位、中国目前的国际站位等影响时代发展的时代之问、历史之问、实践之问非常重要。

时代性和延续性相结合。时代发展、社会文明不断进步、科学技术的影响，这些都对人的素质发展提出了更高的要求，高校思想政治教育的内容也要不断发展和更新。学校一方面要充分建构学校的融媒体平台，建立全方位、立体化、多维度的宣传平台；另一方面要充分发挥微信、微博、抖音等受众面广的新兴媒体平台的作用，讲好学校思想政治故事。此外，应充分利用学校橱窗

---

① 教育部．教育部关于印发《新时代高校思想政治理论课教学工作基本要求》的通知［EB/OL］．（2022-3-20）［2024-06-10］．http：//www.moe.gov.cn/srcsite/A13/moe_772/201804/t20180424_334099.html.

宣传栏、户外广告等手段，使社会主义核心价值观的主题内容在学生学习和生活场景中处处可见。同时，高校的思想政治理论课是高校思想政治教育工作的主阵地、主渠道、主战场，社会主义核心价值观内容必须进教材、进课堂、进头脑，并用学生喜闻乐见的方式，使思想政治理论课真正成为一门让学生真心喜爱、终身受益的课程，而最终则是要向学生讲清楚我国社会主义核心价值观的基本属性、具体内涵、主要特征以及历史价值等，使青年大学生增强道路自信、理论自信、制度自信和文化自信。

时代性和接受度相结合。融媒体时代，高校思想政治教育必须敢于直面青年大学生关注的热点难点问题，了解青年大学生的困惑和疑问，把思想政治教育的基本原理与指导学生生活实际紧密结合起来，引导和帮助青年大学生坚持用正确的理论、科学的方法来认识和分析社会的种种问题和现象。严肃而泛政治化的语言，会使思想政治教育内容难以被广大青年大学生接纳，思想政治教育就容易失去吸引力，难以满足青年大学生的求知兴趣。融媒体时代，人们生存在以互联网为连接的网络虚拟空间，在虚拟和现实生活中切换，迥异于传统的复杂的社会人际关系，迫切需要更好地引导青年大学生来回应这种社会需要。因此，高校思想政治教育内容的优化要增强内容的可读性，提高青年大学生的接受度，就要紧密结合地域的经济发展情况、文化底蕴、地方名贤以及校园特色和学生特点，内容表达方式需要多样具体，语言风格需要生动活泼，用高质量的内容滋润学生的心灵。同样，也要正确借鉴世界各地的思想道德教育优秀成果，加强对中华优秀传统文化的继承和发扬，对中华传统美德观点进行新的诠释和激活，结合现代生活赋予其新的时代内涵，努力推动中华传统美德的创造性转化和创新性发展。另外，还要提升融媒体时代青年大学生的网络道德意识和规范，尤其是移动互联网时代下网络素养能力的提升。

（二）高校思想政治教育内容要具有科学性

科学性是思想政治教育的基本属性。思想政治教育内容必须是科学的，是符合科学规律的。高校思想政治教育内容的科学性体现在三个方面：理论的系统性、层次性和严密性。思想教育过程中所传授的内容也必须是人类文明进步的成果、科学发展的成果。同样，思想政治教育所传播的思想、观念、成果等必须是经过实践检验或科学证明的真理。思想政治教育内容必须尊重自然科学规律、社会科学规律、教育规律、个体认知与发展规律，必须面对现实、从实际出发、实事求是、尊重和把握事物发展的客观规律。众所周知，思想政治教育承担着引领价值取向和铸塑灵魂的任务，最终是帮助人们改造主观世界。思想政治教育内容优化的科学性要求，从根本上说就是教育的内容必须经过实践的检验。同时，思想政治教育中各内容要素都要有丰富的内涵，各内容在体系结构中都有相应的排列顺序。假若组合不同，功能便可能迥异。假若内容要素主次模糊，结构便可能不合理。假若忽视个别或者某些教育内容，内容体系便会有所缺失。假若只重视思想政治教育的政治引领，则容易使得思想政治教育内容单一，影响整个思想政治教育的有效性。因此，思想政治教育内容结构优化的科学性非常重要，需要从以下两方面考虑：

第一，思想政治教育内容的结构优化要从整体角度考虑。思想政治教育本身是各种要素组成的具有一定复杂程度的动态系统，且各要素之间彼此联系、相互影响，并且形成了思想政治教育系统化的整体结构。这个整体系统又可以分为多个子系统，其中包含主体结构、目标结构、价值结构、内容结构、过程结构等。因此，融媒体时代，高校思想政治教育内容结构优化，不应该仅仅是政治教育、思想教育、道德教育、法治教育等各个子系统内容结构的优化整合，还应该完善各子系统内容，并将这些内容置于整个教育系统中，综合考虑各部分教育价值目标的实现。

第二，思想政治教育内容的结构优化要从分层角度考虑。高校思想政治教育改革过程中，分层次才能有针对性地服务教育对象。层次性在很大程度上体现在思想政治教育的对象、教育目标以及教育内容和方式上。与思想政治教育目标的层次性相对应，思想政治教育工作的具体内容也应体现层次性。一是针对不同的教育对象，思想政治教育内容应坚持通识性和个别性的结合；二是针对同一教育对象，思想政治教育内容应该坚持基础性和阶段性的结合，要有螺旋式上升的层次提升，并根据时代的需要不断调整教学内容。融媒体时代，教育者、受教育者和教育环境等情况都发生了很大的变化。长期以来，高校思想政治教育在各个层次的高等院校，面对不同专业的大学生，或者针对所有地区，内容都是统一的，缺乏不同区域、不同类型学校、不同专业的区别指导，因而也导致思想政治教育实效性不高，与融媒体时代格格不入。融媒体时代，青年大学生的价值观念及生活方式发生了翻天覆地的变化。不少高校思想政治教育还是沿用原来的灌输式、本本主义的理论宣传教育模式，难以贴近学生实际、学生生活和社会现实，尽管有部分高校教师开始采用互动式、参与式的教学方式来提高学生的学习兴趣，但是由于教学主题过于空洞、抽象，难以和学生产生共鸣，导致高校思想政治教育的教学效果不尽如人意。当前，为适应融媒体的特点，应该根据不同高等院校的不同专业有针对性地开展思想政治教育教学，通过"思政+专业""思政+职业（岗位）"以及"思政+事业（生涯)"等教学内容创新,提升高校思想政治教育教学的实效。

(三)高校思想政治教育内容要具有感染力

思想政治教育的内容要具有感染力,必须"走心",克服教育内容抽象、晦涩和僵化的缺陷,做到贴近社会现实、贴近专业要求、贴近学生实际。

1. 贴近社会现实

融媒体技术的出现,是人类传播史上的一次伟大变革,它改变了人们被动接收信息的传统传播方式,赋予了人们主动获取和选择、使用信息的权利,人们成了信息的主人,信息获取成为人们用以发展自己的工具和学习方式。但是传统高校还是习惯于信息的独家发布,企图以大众传播的传统思维实现"一个声音"传播给所有学生,没有认清现在学生的特点和现代社会人们在信息地位上的主导权,这成为制约高校思想政治教育发挥积极效应的主要因素。因此,高校思想政治教育要树立"分众传播"的思维方式,积极地适应新媒体时代青年大学生对信息选择的需求,以精准的信息服务来满足不同大学生日益多元的成长和发展需要。只有这样,高校思想政治教育才能成为青年大学生信赖的渠道和平台,高校思想政治教育工作也才能在满足大学生的丰富需要中渗透和传播正确的世界观、人生观、价值观,才能引导和帮助大学生正确认识和把握社会现实,解决实际困难或问题。

2. 贴近专业要求

高等教育的主要目标是培养社会发展急需的德才兼备的人才,但是因为传统思想政治教育单一的知识性追求,把思想政治教育与专业理论的学习以及专业技能的培养等方面与智力教育等同起来,再加上逐年增加的就业压力、学生功利性的价值追求,思想政治教育被人为地跟其他类型的教育割裂开来,实现不了应有的价值。要想有一个更好的结果,思想政治教育和专业教育应该发展成为一种"你中有我,我中有你"的关系。因而,高校思想政治教育的内容必然要积极适应融媒体时代的要求,与专业互相契合,学会从专业教育中挖掘具有意义和价值的思想政治教育内容,结合学生的特点进行施教。在专业教育过程中,应该以培养有道德的人为前提,只有这样,才有可能真正为社会培养出全面发展的高品德高技能型人才。

3. 贴近学生实际

新媒体新技术的快速发展所引发的不仅仅是传播技术的革新带来的思想政治教育内容的多样性和丰富性，更多的是人们思维方式和思想认知的变革。融媒体时代的大学生，获取信息的渠道是全方位的，任何脱离实际的教育内容只会让受教育者产生冷漠、反感甚至是逆反心理，所以，高校思想政治教育内容除马克思主义理论以及党的纲领、路线、方针、政策法规等以外，还应有对身心人格健康有益的知识、道德文化和科学精神、人文精神、行为规范、民主和法治意识等，让学生从被动接受变为主动探索。高校思想政治教育的内容结构优化需要把马克思主义理论原理教育和解决大学生生活、学习、职业问题结合起来，把思想政治教育同大学生的专业学习、职场就业和生涯发展结合起来，让思想政治教育能够在帮助和解决大学生实际问题中"随风潜入夜，润物细无声"，实现全员全程全方位育人的效果。

三、融媒视阈下高校思想政治教育内容结构的优化设计

(一) 保障政治教育的主导地位

政治教育是思想政治教育的根本属性，是思想政治教育的重要组成部分，受党的政治路线制约，为党的纲领、路线服务，具有明确的政治价值取向。政治教育主要是对学生进行政治理想信念和政治方向立场等方面的教育，解决的是在国家、社会制度等重大政治问题上的站位问题，培养什么人、怎样培养人、为谁培养人是教育的根本问题。建设中国特色社会主义高校，必须坚持以马克思主义为指导，全面贯彻党的教育方针，坚持不懈地传播马克思主义科学理论，抓好马克思主义理论教育，为学生成长奠定科学的思想基础。政治教育在高校思想政治教育中居于主导地位，决定着思想政治教育的方向和性质，深刻影响和制约着思想政治教育的其他内容。

政治思想引领贯穿思想政治教育的始终，对思想政治教育过程和其他内容发挥指导和支配作用，指引着思想政治教育沿着正确的方向发展。融媒体时代，高校思想政治教育要积极拓宽教育视野，连续而深入地研究社会发展的新问题，吸收最新的理论研究成果，并加以学习、研究和运用。习近平新时代中国特色社会主义思想，是马克思主义中国化的最新理论成果，其内容包括中国特色社会主义道路、理论、制度和文化等。中国特色社会主义发展道路，是在

中国共产党领导下，实行经济建设和改革开放的伟大革命实践中开辟的一条中国式的现代化道路。中国特色社会主义理论体系，是中国共产党把马克思主义与中国实际相结合，实现马克思主义中国化的最新理论成果，是科学社会主义的基本原则与中国实际相结合的产物，具有鲜明的时代特征和中国特色，包括邓小平理论、"三个代表"重要思想、科学发展观、习近平新时代中国特色社会主义思想。

融媒体时代，面对多元文化，尤其要坚持社会主义制度自信，以马列主义为指导思想，防止主流意识形态受多元化思潮影响。在保持思想政治理论课必修课课程设置相对稳定的基础上，结合学校特点构建形成必修课、选修课的课程体系。高校应重点围绕习近平新时代中国特色社会主义思想、党史、改革开放史、社会发展等设定课程模块，开设系列选择性必修课。这些关于政治思想引领的教育内容，是这门课程的根本。要坚持不懈用习近平新时代中国特色社会主义思想铸魂育人，引导学生了解世情、国情、党情、民情，增强对马克思主义基本理论的思想认同、对中国共产党的政治认同、对中国人民的情感认同，坚持中国特色社会主义道路自信、理论自信、制度自信、文化自信，因此，必须保证政治思想引领在高校思想政治教育内容的结构优化中处于绝对的主导性、支配性地位。

（二）增加道德教育内容的权重

思想道德教育是思想政治教育的关键。融媒体时代，网络对学生的影响更加深远，网络的自由性使得学生在网络中的言行趋于一种隐秘的无拘无束的状态。学生在面对疯狂传播的网络谣言、网络诈骗等层出不穷的问题时，道德自律的作用就显得更加突出。因此，高校思想政治教育应比过去增加更多道德教育方面的内容，以帮助学生形成道德观念，能够判断是非善恶、取舍言语行为，用道德来指导和约束自身的思想言语和行为，提高自身道德自律能力，最终形成良好而稳定的高尚品行。

培育和践行社会主义核心价值观对于巩固马克思主义在意识形态领域的指导地位非常重要。一个人、一个民族能不能把握好自己，很大程度上取决于这个社会的核心价值观引领。融媒体时代的高校思想政治教育，必须从青年大学生思想实际状况出发，以社会主义核心价值观为引领，树立科学的世界观、人生观、价值观和道德观。

（三）扎实文化素质教育的根基

融媒体时代，信息快餐的全方位供给，使传统的人际道德关系、传统文化生存发展在不同程度上都受到了挑战，冲击着文化素质教育的根基。融媒体时代高校思想政治教育的内容结构，必须大力继承和弘扬中华传统文化中的优良传统，有取舍地借鉴世界文化教育的优秀成果，赋予其时代精神，探索其时代价值。

1. 传承和弘扬中华优秀传统文化，赋予其时代价值

中华文化博大精深、源远流长，最核心的就是它的一套思想理念和民族精神，主要包括：①天人合一。其强调"天地与我并生，而万物与我为一"的境界，也指天人相合相应，注重人与自然和谐合一，人道和天道一致。②以人为本。其主张"民为邦本，本固邦宁"和"民为贵，君为轻"，肯定人是宇宙的中心，把人类的生存作为根本。③崇德尚义。中国传统文化重视个人的品格德行，重视德行的养成与人格的提升，高度推崇有高尚精神追求的人。在中国传统文化中，除了这些关键的核心理念，几千年来，中华文明形成了自己的价值偏好，即义务先于自由、责任先于权利、群体高于个人、和谐高于冲突。中华传统美德是中华文化的精髓，如仁义礼智信"五常"、孝悌忠信礼义廉耻"八德"等，是中华民族在漫长发展历程中生生不息的主要支撑，必须努力传承和弘扬。中华文化包含着许多为人类所共同遵循的普遍性的生存智慧，对当代人类面临的冲突解决提供了有益的启示。孔子在2500年前提出的"己所不欲，勿施于人"态度与"和而不同"的精神，有利于处理人与人之间的矛盾冲突，有利于处理不同文明之间的关系，也深刻体现了中华文明处理人类难题的智慧，值得深入发掘和阐发。其中包含了许多正确反映人与人、人与社会、人与自然和谐生存发展规律的真理性认识，思考和表达了人类生存与发展的根本问题，成为人类共有的精神财富。

对我们传承下来的历史文化和道德规范，要有鉴别地加以对待，有扬弃地进行继承。"有鉴别"，即不要全盘肯定或全盘否定；"有扬弃"，即要通过分析鉴别积极地吸收继承其中的优秀内容。一定的文化形成于特定的社会环境，就像一棵大树的根和枝叶，树叶每年都会更换，但是树根却深深扎进大地。因此，我们不仅要尊重传统，更要有选择地吸纳其营养成分，加以时代的要素进行创新融合，更好地为当下服务。

2. 借鉴国外先进教育成果，优化教育内容和结构

国外教育虽然没有明确地提出"思想政治教育"这种观点，但通过"权利义务教育""法治教育""道德教育""环境教育""国防教育""爱国教育""国民精神教育""公民教育""价值观教育""历史教育"等形式来进行，其中最为广泛的形式是"公民教育"。十七八世纪，欧洲资产阶级登上历史舞台，使得一种名叫"公民教育"的思想理念开始普及和发展，教育不再作为特权阶层的身份象征。洛克、卢梭等人强调人与人平等，所有人都是公民。在全世界范围内，美国是比较早的推进公民教育的国家之一。后来，西方各国对于公民教育的认识不断深化。第二次世界大战后，世界范围内发生的种族冲突、政治事件和发达国家对于劳工的需求，引发移民、难民潮，因而个体在身份认定上也产生了矛盾与冲突，众多学术流派也有着自己的公民观，如共和主义、自由主义、社群主义。近年来，由于世界范围内人们频繁进行跨国迁移、人员流动，在全球化时代，世界文化的多样性使得人们开始重新审视公民的身份认同，以多样、多元文化融合为主题的公民教育成为西方很多国家教育的重要内容。许多国家不约而同地将培养具有全球化视野的公民作为教育的重要目标，强调培养全球化时代所需的知识、态度及能力，如个体的宽容和开放、尊重价值差异、适应不同文化之能力与对人类共同命运的关注。

融媒体时代，各个国家的思想政治教育仍然具有很强的民族性，但随着融媒体的飞速发展，全球人们早就"你中有我，我中有你"，进入一种相互影响的状态。当前，要提高青年大学生对中华民族传统文化的吸引力和认可度，必须赋予民族传统文化以时代精神和旺盛活力，实现民族传统文化的现代性发展，这就离不开对本土文化和国外文化的融合思考。理直气壮地讲好中国故事，就包括讲好中国的文化思想、先进人物、创世经典，让世界真正了解、真心喜欢。同时，全世界一些重要的思想道德原则和理念反映着人类共同的发展要求，反映着共同的审美意识、共同的道德意识情操等共同的价值追求，我们都应该站在构建人类命运共同体的思想基础上，不断学习借鉴，不断大力弘扬。

（四）体现现代媒体素养教育的时代要求

现代社会，集合了多种多样媒介手段的信息传播——融媒体，以其强大的社交吸引力影响着人们的生存方式，对现代文化的塑造和人们价值观念的形成起到了巨大的作用。今天，加强对当代大学生的现代媒体素养教育，既是一种

思维方法教育，也是知识和技能教育。当前，高校思想政治教育内容结构的优化需要突出媒体素养教育，这是融媒体时代大学生的客观生活、生存和生命发展现状与需要提出的要求。现当代的大学生需要掌握融媒体技术的一般知识和应用技能，充分发挥融媒体在思想政治教育内容结构优化中的引领作用。在高校思想政治教育内容结构优化中，要积极实施现代媒介素养教育，引导青年大学生恪守互联网使用规则，树立符合虚拟世界的道德规范要求，学会正确地选择平台，合理地筛选信息，科学地判断信息来源，全面地评价信息质量，合法地转发和传播，并且能够在互联网上不传谣、不造谣，做一个守法公民。作为大学生，应该主动承担起维护互联网风清气正的环境的责任，坚持传播正能量、弘扬主旋律，同网络上各种违法的、不道德的信息和行为作斗争，成为一股维护互联网基础上融媒体健康发展的主体力量。

从技术层面来说，掌握这些基本的道德规范和信息素养，关系到融媒体时代思想政治教育工作的实效，也关系到思想政治教育内容结构的主题优化。融媒体时代，高校思想政治教育必须以提升信息化素养、提高互联网生存生活基本技能和道德准则为核心内容，这就赋予了高校思想政治教育新的教育主题和教学内容，那就是引导和帮助大学生更好地利用互联网，在信息社会中得到更好的成长和发展。

青年大学生求知欲强，喜欢接受新鲜事物，有的还追求标新立异，但他们的知识结构还不完善，社会阅历还不够丰富，分辨信息真伪的能力还不足，无法有效地辨明网上的信息准确度；有的大学生心智发育不成熟，常常会受到各种各样负面信息的误导和影响。面对这些问题，思想政治教育工作者应当主动出击，完善和优化思想政治教育内容，化解学生在新媒体时代面临的成长困境，指导他们正确理解传媒及其信息，建设性地享用媒体传播资源，培养健康的媒介解读和批判能力，使其能够在多元的媒体环境中，充分合理利用媒体资源完善自我、参与社会发展。

第三节　高校思想政治教育舆论引导力的范式创新

融媒体时代的到来，使高校舆论引导传播方式的转变成为可能。融媒体语境下成长起来的当代大学生群体，在媒体接触习惯和接受心理方面均发生了巨大的变化，给高校舆论引导力提升带来了前所未有的机遇和挑战。高校需要打造一批具有强大影响力、竞争力的新型主流媒体产品以适应新时代大学生的需求。

首先，增强载体供给的对象意识。高校以闭路电视、广播台、校报、展架、橱窗、报栏等传统媒体为核心的宣传阵地，是我国特有的一种行之有效的信息传播和文化传播载体，曾发挥重要的校园舆论引导作用。但在融媒体时代，它们却呈现出理念滞后、传播方式单一、平面化且变速慢、吸引力观赏性欠缺等弊端，其校园舆论引导作用正在逐步减弱。当前，打造属于高校自己的校园数字化融媒平台，提高大学生对社会主义核心价值观及其舆论的关注度、信任度成为重要的课题。建设校园数字化融媒体平台，不只是电子产品的升级换代，更是对大学生群体的思维跟进，从大学生所思、所想、所为出发，了解掌握大数据分析支持下的大学生阅读习惯和内容喜好、内容创作和形式呈现、分类推送和参与行为、热点和难点、兴趣点和敏感点，以此构筑从大学生体验感出发的现代化、数字化、技术化产品。

其次，提供沉浸式、互动式、场景式、服务式产品。校园数字化融媒体"中央厨房"建设，是校园媒体融合发展的方向，需要推动从内容、形式到方法、手段的创新。沿着一体化发展方向，通过流程优化、平台再造，实现各种媒介资源、生产要素有效整合，实现信息内容、技术应用、平台终端、管理手段共融互通，催化融合质变，放大一体效能，形成随时随地、随处可见的融媒体产品。以服务为宗旨的校园融媒体建设，是一种创新与突破，一改以往贫瘠的表达方式，按照学生期望提供更合适、更科学的学习平台，凸显高校思想政治教育的优势。以照片、视频等形式为突破，实现线上线下结合、课内课外融合的新方式；以鼓励受教育者主动发声的传播技巧优化，利用学生喜爱的融合教学方式，强化受教育者的主体地位，增强学习生活的"黏性"作用；以传播时空的优化，弱化单向灌输的劣势，形成课上、课下一体化学习时空，也"留白"独立思考空间。作为全体学生思想政治教育的阵地，校园数字化融媒体平台的教育功能应与课堂教学保持一致，成为课堂教学的延伸和拓展。

最后，培养掌握现代技术的能工巧匠。校园数字化融媒体平台建设的目的之一是进一步方便学生进行多维度的知识学习。借助集成化的校园数字化融媒体平台，可实现课堂教学、社会实践、文化宣传及成果评价的有机结合。建设校园数字化融媒体平台，需要一支保持技术敏感度的师生队伍。平台建设要着力塑造自身的多媒体气质，注重媒体间的融合与互补。校园媒体形式各异，要力求通过优势互补，创造共同繁荣的局面，包括传统及新媒体手段，综合校园报刊形式多样、内容丰富、信息量大、便于阅读与保存的优势，校园网络宣传快捷的优势，校园广播短、平、快、覆盖性好的优势，户外橱窗直观便捷的优势，校园公众号最前沿自媒体平台的优势。同时，平台作为校园思想政治教育的主阵地，肩负着文化宣传、思想政治理论课课堂创新及新闻传播媒介的责任，基于先进、灵活、开放的云计算基础架构将各类基础数据存储于云端，并有效整合和管理各类媒体，形成权限分配、信息发布、内容审核、实时传播等标准统一的融媒体平台。因此，需要一支政治素质高、熟悉校园文化宣传手段、对大众传播革新怀有浓厚兴趣并善于学习先进技术的师生队伍，整合各自所长，优势互补、协作共享，才能制作出学生喜闻乐见的融媒体产品。

参考文献

［1］安韫超. 融媒体环境下高校辅导员开展大学生思想政治教育工作的策略
　　［J］. 现代商贸工业，2022，43（20）：180-182.

［2］蔡依璇. 新媒体视阈下高校思想政治教育工作育人模式研究［J］. 当代
　　教研论丛，2022，8（11）：104-107.

［3］曹力耘. 协同治理视角下高校新媒体意识形态工作问题及对策研究
　　［D］. 成都：电子科技大学，2021.

［4］陈昕. 融媒体视域下高职院校网络思想政治教育体系构建研究［J］. 鄂州
　　大学学报，2023，30（4）：21-23.

［5］陈幸可. 融媒体时代大学生思想政治教育的问题与对策［J］. 河南教育
　　（高等教育），2023（6）：34-35.

［6］陈秀秀. 融媒体背景下大学生思想政治教育研究［D］. 西安：西安建筑
　　科技大学，2021.

［7］党籽惟. 融媒体视域下思想政治教育导向功能实践路径研究［D］. 绵阳：
　　西南科技大学，2021.

［8］邓美茹. 融媒体时代高校思想政治教育传播路径发展探究［D］. 苏州：
　　苏州大学，2018.

［9］段立. 融媒体视阈下高校网络思想政治教育实效性提升策略［J］. 传播
　　与版权，2022（9）：104-106.

［10］冯帆. 融媒体时代高校微信公众平台建设研究［D］. 开封：河南
　　大学，2020.

［11］葛丽源，成芳，王涛. 融媒体视域下思政课教学模式改革［J］. 中国报
　　业，2023（10）：234-235.

［12］葛映婷. 新媒体视阈下高校创新创业教育与思想政治教育的协同效应研
　　究［J］. 大众文艺，2022（24）：187-189.

［13］龚月贤. 融媒体时代高校思想政治理论课的教学互动性研究［D］.
　　贵阳：贵州大学，2020.

［14］郭淑贤. 融媒体背景下短视频育人机制探究［J］. 传播与版权，2023
（7）：59-62.

［15］胡小芳. 融媒体时代高校主流意识形态话语权建设研究［D］. 绵阳：
西南科技大学，2020.

［16］黄娟. 融媒体视域下高校思想政治教育平台构建研究［J］. 湖北开放职
业学院学报，2022，35（17）：93-95.

［17］黄可欣. 融媒体视域下高校网络思政的挑战及对策［J］. 高校后勤研
究，2023（6）：75-77.

［18］黄荣美. 融媒体背景下思政课教学改革面临的问题及应对策略［J］.
职业，2023（11）：22-25.

［19］雷浩. 新时代运用融媒体强化大学生意识形态教育研究［D］. 兰州：
兰州理工大学，2020.

［20］李芳. 融媒体时代高校思政教育话语机遇与挑战的探析［J］. 江西电力
职业技术学院学报，2023，36（4）：125-127.

［21］李芳. 融媒体视域下高职院校网络思政教育联动模式构建［J］. 湖南邮
电职业技术学院学报，2023，22（2）：56-59.

［22］李景怡，佘正昊. 融媒体时代高校研究生思想政治教育提升路径探析
［J］. 湖北开放职业学院学报，2023，36（8）：156-158.

［23］李茜. 融媒体背景下高校"三全育人"思政教育策略分析［J］. 新闻研
究导刊，2023，14（7）：222-224.

［24］李小梅. 融媒体视角下高校校园媒体育人功能的实现路径研究［D］.
济南：山东大学，2019.

［25］刘宝飞. 媒体融合发展视阈下福建高校网络舆情治理策略研究［D］.
福州：福建师范大学，2020.

［26］刘冰. 融媒体模式下大学生思想政治教育工作研究［D］. 沈阳：沈阳
工业大学，2020.

［27］刘华卿，尹力，宋勇. 融媒体环境下高校思想政治教育教学资源建设与
共享［J］. 邢台学院学报，2022，37（2）：132-137.

［28］刘益青. 融媒体视域下高校学生党支部思想政治教育研究——以苏州健
雄职业技术学院为例［J］. 新闻研究导刊，2022，13（17）：53-55.

［29］鲁小茜. 融媒体视角下高校网络思想政治教育提质增效的路径探究
［J］. 河南教育（高等教育），2022（6）：34-35.

［30］吕一. 融媒体时代公安思想政治教育的创新研究［D］. 北京：中国人

民公安大学，2020.

[31] 马杰，李卫民，王梦鸽. 融媒体时代高校辅导员网络思政工作创新探讨 [J]. 秦智，2023（4）：134-136.

[32] 马晓宁. 基于思政育人的高校媒体内容建设路径研究 [J]. 湖北第二师范学院学报，2023，40（6）：6-10.

[33] 马鑫. 融媒体视域下高校思想政治教育话语权提升研究 [D]. 重庆：重庆邮电大学，2021.

[34] 强娇娇. 融媒体时代高校"互联网+思政教育"的创新路径探究 [J]. 新闻研究导刊，2023，14（10）：202-205.

[35] 乔爱丽，王心茹. 融媒体视域下红色文化资源融入高校思政课的价值、问题与路径 [J]. 教育观察，2023，12（16）：23-26.

[36] 乔占泽，殷旦丹，程丽丽. 融媒体时代短视频提升思政课亲和力的逻辑理路及实践进路 [J]. 机械职业教育，2023（4）：33-36.

[37] 宋桥仔. 融媒体时代高职院校思想政治工作创新发展研究 [D]. 南昌：江西科技师范大学，2018.

[38] 唐自慧，刘勇，王美丽，等. 融媒体背景下高校思政课实践教学的创新路径探讨 [J]. 现代职业教育，2023（20）：49-52.

[39] 王婷，杨文革. 融媒体时代高校"00后"群体网络行为特点分析及引导路径 [J]. 互联网周刊，2023（9）：31-33.

[40] 许琳，肖宜辉. 融媒体视域下高校思想政治教育话语权提升研究 [J]. 办公室业务，2022（22）：44-46.

[41] 尤阳. 融媒体视域下高校思想政治教育优化路径探析 [J]. 公关世界，2022（24）：145-147.

[42] 张丽，陈俊. 融媒体视域下高校思想政治教育管理发展的要求与路径 [J]. 卫生职业教育，2022，40（18）：29-32.

[43] 张敏，李芳. 融媒体视域下的高校宣传思想工作队伍建设探析 [J]. 湖北开放职业学院学报，2023，36（14）：160-162.

[44] 郑良芳. 融媒体时代下高校思想政治教育创新路径研究 [D]. 桂林：桂林电子科技大学，2022.